U0612738

山东苹果的绿色发展策略研究

张复宏　著

中国农业出版社

图书在版编目（CIP）数据

山东苹果的绿色发展策略研究 / 张复宏著. —北京：
中国农业出版社，2017.11
ISBN 978-7-109-23521-2

Ⅰ.①山… Ⅱ.①张… Ⅲ.①苹果-农业产业-产业
发展-研究-山东 Ⅳ.①F326.13

中国版本图书馆 CIP 数据核字（2017）第 277368 号

中国农业出版社出版
（北京市朝阳区麦子店街 18 号楼）
（邮政编码 100125）
责任编辑 刘明昌

北京中兴印刷有限公司印刷 新华书店北京发行所发行
2017 年 11 月第 1 版 2017 年 11 月北京第 1 次印刷

开本：720mm×960mm 1/16 印张：10.25
字数：210 千字
定价：32.00 元
（凡本版图书出现印刷、装订错误，请向出版社发行部调换）

　　本书出版得到了山东"双一流"奖补资金项目（编号：SYL2017XTTD08）和山东省社会科学规划研究项目（编号：17CJJJ40）"基于减施增效的山东苹果环境全要素生产率提升机制研究"的专项资助。

序言

　　山东果树栽培历史悠久，品种资源丰富，面积大、产量高，素有"北方落叶果树王国"之美誉。然而近年来山东苹果产业受到了国内生产成本居高不下、地区间劳动生产率差异较大和相对质优价廉的外国苹果进口量剧增的"双重挤压"，苹果产品出现结构性剩余，产业发展陷入了窘境。其中标准化程度低、质量和安全水平不达标所导致的对外贸易停滞不前是制约产业发展的一个重要原因。随着"一带一路"建设的日臻完善，将为具有明显比较优势的苹果产业的转型发展带来了勃勃生机。该书在前人研究的基础上，根据该领域发展的学科前沿及发展趋势，通过深入调研掌握了大量的数据资料，运用现行的理论和方法将资源环境因素纳入苹果经济效率的分析框架，从质量提升和绿色经济、循环发展的视角探讨了山东苹果产业未来的发展方向。书中大量地利用计量模型进行符合研究范式的处理和剖析，表现了作者较好的理论基础。该书文笔流畅，表达较为清晰，其创新之处在于利用现代分析方法，以苹果产业链为对象，在对山东苹果生产质量安全的研究中，得出了一些具体而有价值的结论。该书属产业经济学与果树学交叉融合的创新之作。

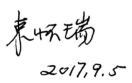

束怀瑞

2017.9.5

前言

作为山东农业的重要组成部分，山东的苹果产业也得到了迅速的发展。山东果树栽培历史悠久，品种资源丰富，面积大，产量高，素有"北方落叶果树王国"之美誉。2015年山东果园种植面积28.68万公顷，总产量1 703.00万吨，分别占全国果园总面积和水果总产量的2.24%和6.78%，其中苹果的栽培面积和产量分别为29.97万公顷和958.43万吨，分别占全省果树总面积和苹果产量的45.92%和56.28%，水果总产值1104.32亿元，比2014年增长7.7%，占全省农业产值的22.40%，仅次于蔬菜（39.30%）和粮食（37.11%）而居第3位，经济效益显著。作为世界最大的苹果生产和消费大国，苹果产业在我国果蔬产业中一直占有举足轻重的地位。我国是苹果生产大国却不是生产强国，2015年鲜苹果出口率仅有1.95%，不仅与美国（17.14%）等主产国相差甚远，也远低于世界平均水平（6.67%），其中最主要的原因是标准化程度过低、质量和安全水平不达标。山东作为中国苹果生产和贸易大省具有传统的先发优势和明显比较优势，产业发展在全国一直处于领先地位。然而也应看到近年来山东苹果产业在发展中暴露出的一系列问题，诸如：重技术、轻管理，苹果产量高、总体质量水平低；苹果产品出现结构性剩余；果农收入增幅下降，有的地区出现负增长，城乡居民收入差距拉大；苹果产业技术水平、技术装备落后，现代化科学技术普及率低；果园过量施肥问题，劳动者主体科技与文化素质低，接受和应用高新技术能力不强；农村市场主体缺位，市场狭窄；苹果产业化机制不健全，社会化服务体系薄弱等；产业化结构不合理、龙头企业规模小、数量少、产业带动能力不够，削弱了终端产品的竞争力。其中标准化程度低、质量和安全水平不达标所导致的对外贸易停滞不前是制约产业转型升级、迅速发展的关键所在。

本研究的意义和价值在于：

中国苹果产业已经到了转型升级和提质增效的关键阶段，如何走符合中国国情的现代果业发展道路，积极参与世界竞争，实现绿色发展，是供给侧改革的必然要求。本研究从质量升级、绿色发展的角度探讨如何促进山东苹果产业的健康可持续发展和不断提升国际竞争力，推动产业升级、农民增收、食品安全、环境保护，为政府相关部门和涉农企业发展水果产业、制定水果贸易的决策规划提供了重要参考。

本研究主要内容和基本思路是，在明晰山东苹果产业及贸易发展现状的基础上，将资源环境因素纳入苹果经济效率和全要素生产率的分析框架，测度了山东等中国苹果 7 个主产省份 2000—2014 年的经济效率和全要素生产率水平；运用投入导向的径向超效率模型和双变量 Probit 模型分析了样本地区果农对过量施肥认知与测土配方施肥技术采纳行为的影响因素，并测算了相关因素对过量施肥认知产生的边际效应；运用 Logistic 模型和 Interpretive Structure 模型分析了影响果农种植无公害优质苹果行为实施意愿的主要因素及其相互关系；利用 TOPSIS 模型分析了无公害优质苹果各级质量链的关键链节点及其耦合机制；运用结构方程模型对苹果产品流通效率的主要影响因素及运行机制进行了比较分析；把产业经济学、区域经济学、管理学、园艺学、食品加工学、统计学有机结合，从产业升级、农民增收、食品安全、环境改善的角度探讨如何促进山东苹果可持续发展、国际竞争力不断提升的有效途径。

本研究的主要内容和观点：

（1）山东苹果产业的发展状况分析

从资源禀赋的角度对山东苹果产业发展现状展开分析，分别从自然资源条件、产量、品种结构、生产布局、果品加工及贸易地位，分析山东苹果的发展状况。然后从贸易结构角度，对山东苹果出口的结构特征及出口市场的依赖性展开分析。着重探讨山东苹果在资源禀赋、产品结构、贸易结构与主要出口市场的需求变化方面的情况。

（2）山东苹果环境全要素生产率研究

将资源环境因素纳入苹果经济效率和全要素生产率的分析框架，采用包含非期望产出的 SBM 超效率模型和 Malmquist-Luenberger 生产率指数分别测度了山东等中国苹果 7 个主产省份 2000—2014 年的经济效率和全要素生产率水平，并运用莫兰指数分析了环境全要生产率的空间自相关性。通过与不同苹果主产区环境全要素生产率的对比，分析了苹果产业发展与环境的协调性，该研究为评价中国苹果优势产区并提升其"两型农业"的发展水平提供了有益的参考。

（3）果农对过量施肥的认知与测土配方施肥技术采纳行为研究

利用山东省 9 个县（市、区）279 户苹果种植户的调查数据，运用投入导向的径向超效率模型和双变量 Probit 模型分析了样本地区果农对过量施肥认知与测土配方施肥技术采纳行为的影响因素，并测算了相关因素对过量施肥认知产生的边际效应。基于有关结论，就如何促进果农科学施肥，实现绿色发展提出了一些有针对性的建议。

（4）无公害优质苹果的种植质量安全行为研究

利用山东省 16 个地市 479 户果农的调查数据，运用 Logistic 模型和 Interpre-tive Structure 模型分析了影响果农种植无公害优质苹果行为实施意愿的主要因素及其作用机理。基于研究结论，提出了通过适当扩大种植规模、积极创建标准化示范园是优化果农种植质量行为的一条切实有效途径。

（5）无公害优质苹果的生产质量链问题研究

以质量安全和控制为切入点，以供应链环境下苹果质量链关键链节点的选择为主线，利用山东省 16 个地市（区）的 564 份问卷调查数据，借鉴 TOPSIS 模型分析了生产无公害优质苹果一级、二级、三级质量链的关键链节点及其耦合机制。

（6）山东苹果产销流通效率及其运行机制问题研究

利用山东省 7 个地市（区）207 份苹果产销的调查数据，运用结构方程模型对苹果产品流通效率的主要影响因素及运行机制进行了比较分析，根据分析结果就如何促进苹果流通效率提出了一些有针对性的建议。

（7）促进山东苹果产业绿色发展的策略和建议

从如何优化苹果供给的品种结构、多渠道提升苹果产品的生产质量和效益、促进营销组织和营销网络的建设、品牌和质量追溯体系的建设以及绿色经济和循环发展的角度，提出了促进山东苹果产业绿色发展的策略和建议。

目录

序言
前言

1 绪论 1

　1.1 研究的背景和意义 1

　1.2 研究内容和范围的界定及数据来源 2

　1.3 国外相关研究及评述 3

　　1.3.1 苹果生产方面 3

　　1.3.2 苹果消费和销售方面 5

　　1.3.3 苹果国际贸易方面 6

　1.4 国内研究现状 9

　　1.4.1 国内对苹果种植、收益方面及市场势力的研究 9

　　1.4.2 国内对苹果全要素生产率的相关研究 10

　　1.4.3 农业面源污染控制的国内外的相关研究 11

　　1.4.4 国内对山东苹果产业发展的研究 12

　1.5 研究思路与研究方法 14

　　1.5.1 研究思路 14

　　1.5.2 研究方法 16

　1.6 研究的创新与不足 16

　　1.6.1 研究的创新 16

　　1.6.2 研究的不足 17

2 山东苹果产业的发展状况分析 18

　2.1 山东发展苹果产业的禀赋优势 18

2.1.1 良好的生态区位优势 18

2.1.2 丰富的品种资源优势 18

2.1.3 已有的规模优势 19

2.1.4 累积的技术优势 19

2.1.5 蓬勃的产业化优势 20

2.2 山东苹果生产的总体布局 20

2.2.1 种植面积和产量布局 20

2.2.2 山东苹果品种布局 24

2.3 山东苹果产业的种植规模分析 24

2.4 产后加工处理状况分析 25

2.5 山东苹果需求结构 26

2.5.1 山东苹果需求总体分析 26

2.5.2 山东农村居民苹果需求分析 26

2.5.3 山东城镇居民苹果需求分析 27

2.5.4 国内需求变化分析 28

2.5.5 国外需求变化分析 29

2.5.6 品种单一化发展对山东苹果国际竞争力的影响 32

2.6 影响山东苹果出口的成本价格及相关因素分析 33

2.6.1 生产成本、产值利润构成分析 33

2.6.2 价格对比分析 36

2.6.3 非价格因素 38

2.7 山东苹果产业布局与结构的影响分析 40

3 山东苹果环境全要素生产率研究 43

3.1 农业全要素生产率及其影响的概述 43

3.2 农业环境全要素生产率的相关研究 44

3.3 山东与中国苹果主产区的经济效率及全要素生产率的
测算对比分析 47

3.4 苹果环境全要素产率的时空格局演化分析 51

3.5 结论与政策建议 55

4　果农对过量施肥的认知与测土配方施肥技术采纳行为研究 ………………… 57

　4.1　果农对过量施肥的认知影响因素分析 ……………… 57

　　4.1.1　概念界定、研究假说 ……………………… 59

　　4.1.2　实证模型构建 ………………………… 61

　　4.1.3　数据来源和样本情况 …………………… 64

　　4.1.4　模型估计结果与分析 …………………… 66

　4.2　果农对过量施肥的认知及测土配方施肥技术采纳行为的影响因素的实证分析 ………… 68

　　4.2.1　变量的描述性统计分析 …………………… 68

　　4.2.2　模型估计结果及分析 …………………… 69

　4.3　结论和政策建议 …………………………… 73

5　无公害优质苹果种植质量安全行为研究 ………………… 75

　5.1　果农种植无公害优质苹果行为实施意愿的影响因素分析 ……… 75

　　5.1.1　理论分析及研究假说 …………………… 77

　　5.1.2　实证模型构建 ………………………… 79

　5.2　果农实施无公害种植行为的作用机理分析 ………… 85

　　5.2.1　问题描述及指标选取 …………………… 86

　　5.2.2　确定各导致因素之间的相关性建立可达矩阵 ……… 86

　　5.2.3　对可达矩阵的级间划分 …………………… 88

　　5.2.4　构建解释结构模型及结果分析 ……………… 90

6　无公害优质苹果生产质量链问题研究 ………………… 93

　6.1　TOPSIS模型原理与数据来源 ………………… 94

　　6.1.1　TOPSIS模型原理 …………………… 94

　　6.1.2　数据来源和样本情况 …………………… 95

　6.2　无公害优质苹果质量链的关键链节点的选择分析 ……… 96

　　6.2.1　无公害优质苹果质量链及其链节点的结构 ……… 96

6.2.2 无公害优质苹果质量链一级链节点的重要程度分析·········· 98

6.2.3 无公害优质苹果质量链二级链节点的重要程度分析·········· 99

6.2.4 无公害优质苹果质量链三级链节点重要程度分析 ·········· 100

6.3 无公害优质苹果生产质量链关键链接点的耦合机制分析 ·········· 102

6.3.1 供应链环境下苹果生产质量链整体耦合的机制 ·········· 102

6.3.2 供应链环境下苹果生产质量链各级关键链节点间的
纵向耦合机制 ·········· 103

6.3.3 供应链环境下苹果生产质量链各级关键链节点内部的
横向耦合机制 ·········· 103

6.4 结论与启示 ·········· 105

7 山东苹果产销流通效率及其运行机制研究 ·········· 108

7.1 理论分析及研究假说 ·········· 109

7.1.1 理论模型 ·········· 109

7.1.2 研究假设 ·········· 110

7.2 数据来源与研究方法 ·········· 111

7.2.1 数据来源 ·········· 111

7.2.2 研究方法 ·········· 112

7.3 拟合评价与参数估计 ·········· 113

7.3.1 测量检验 ·········· 113

7.3.2 信度与效度检验 ·········· 113

7.3.3 模型拟合度及假说检验 ·········· 114

7.4 结论和政策建议 ·········· 118

8 促进山东苹果产业绿色发展的策略和建议 ·········· 120

8.1 总体目标 ·········· 120

8.2 促进山东苹果质量升级和绿色发展应遵循的
基本原则 ·········· 120

8.2.1 因地制宜，发挥苹果优生区的资源优势，突出果树资源的
多样性 ·········· 120

8.2.2　根据市场需求进行产业结构调整，延长产业链，

　　　　做强价值链 ……………………………………………… 121

8.2.3　依靠现代农业科技，实现栽培模式的变革和绿色发展 …… 121

8.2.4　以信息化为纽带，加强全产业链的信息咨询服务和

　　　　科学管理及决策水平 …………………………………… 122

8.3　优化苹果供给的品种结构，满足市场的多元化需求 ………… 122

8.4　优化苹果的生产方式，多渠道提升苹果产品的

　　　生产质量和效益 ………………………………………… 124

8.5　优化苹果产业的加工结构，完善产品加工标准体系的建设 … 124

8.6　优化苹果产业的营销结构，促进营销组织和营销网络的建设 … 128

8.7　优化苹果产业的技术结构，完善苹果的品牌和质量追溯

　　　体系的建设 ……………………………………………… 131

8.8　引导果农合理使用化肥农药，促进苹果产业的绿色发展 …… 133

参考文献 ………………………………………………………… 135

后记 ……………………………………………………………… 146

1 绪论

1.1 研究的背景和意义

　　20 世纪 90 年代后期以来，我国农业发展进入了一个崭新的阶段，主要农产品供求由过去的长期短缺变为总量大体平衡、丰年有余。农业发展的目标、条件与环境发生了重大变化，农业发展的主要制约因素已从过去的资源约束为主转向以市场和需求约束为主，农产品供求的主要矛盾也从供给总量不足的数量问题转变为供求之间因品种和品质不适宜而形成的结构问题和"农民增产不增收"问题。

　　作为山东农业的重要组成部分，山东的苹果产业也得到了迅速的发展。山东果树栽培历史悠久，品种资源丰富，面积大，产量高，素有"北方落叶果树王国"之美誉。2015 年山东果园种植面积 28.68 万公顷，总产量 1 703.00 万吨，分别占全国果园总面积和水果总产量的 2.24％和 6.78％，其中苹果的栽培面积和产量分别为 29.97 万公顷和 958.43 万吨，分别占全省果树总面积和苹果产量的 45.92％和 56.28％，水果总产值 1 104.32 亿元，比 2014 年增长 7.7％，占全省农业产值的 22.40％，仅次于蔬菜（39.30％）和粮食（37.11％）而居第 3 位，经济效益显著。

　　然而也应该看到山东苹果产业目前还存在着许多明显的问题：果园过量施肥，地区间劳动生产率差异较大；重技术轻管理，产量高但总体质量低，苹果产品出现结构性剩余；果农收入增幅下降，有的地区出现负增长，城乡居民收入差距拉大；苹果产业技术水平、技术装备落后，现代化科学技术普及率低；劳动者主体科技与文化素质低，接受和应用高新技术能力不强；农村市场主体缺位，市场狭窄；苹果产业化机制不健全、服务体系薄弱等。

2017 年中央 1 号文件提出推进农业清洁生产，推进化肥农药零增长行动，集中体现了以人为本、全面协调可持续发展的科学发展观，体现了把坚持科学发展、和谐发展、和平发展的重大战略思想落实到党和国家奋斗目标中的明确意图，体现了把科学发展观的要求落实到经济建设、政治建设、文化建设、社会建设各个方面的总体要求。党的十八届五中全会通过的《中共中央关于制定国民经济和社会发展第十三个五年规划的建议》指出：坚持绿色发展新理念，就是要坚持绿色富国、绿色惠民，为人民提供更多优质生态产品，推动形成绿色发展方式和生活方式，协同推进人民富裕、国家富强、中国美丽。要实现党的十八届五中全会提出的绿色富国、绿色惠民的绿色发展目标，摆在我们面前一个十分艰巨而突出的问题是如何通过绿色发展方式来解决"三农"问题。加入 WTO后，山东苹果市场与国际苹果市场直接相连，山东苹果产品受到国际优质廉价苹果产品的冲击，山东苹果产业发展遇到前所未有的机遇和挑战。如何破解发展难题，厚植发展优势，在山东农业经济转型发展的关键时期，必须牢固树立并切实贯彻创新、协调、绿色、开放、共享的发展理念。为此，本书在对山东苹果产业发展进行历史性回顾和总结的基础上，实证分析山东苹果产业环境全要素生产率，从可持续发展的视角找出山东苹果产业绿色发展中存在的主要问题，从绿色发展和循环发展角度探讨山东苹果产业未来的发展方向，显然具有重要的理论和实践指导意义。

1.2 研究内容和范围的界定及数据来源

本研究具体内容的界定：所谓绿色发展，是指以质量、效率、和谐、可持续发展为目标的经济增长的社会发展方式。绿色发展已成为当今世界经济转型发展的重要方式，党的十八届五中全会通过的《中共中央关于制定国民经济和社会发展第十三个五年规划的建议》指出：坚持绿色发展新理念，就是要坚持绿色富国、绿色惠民，为人民提供更多优质生态产品，推动形成绿色发展方式和生活方式，协同推进人民富裕、国家富强、中国美丽。

山东经济正处于转型发展的重要阶段，苹果产业作为山东农业重要的支柱产业，加快绿色发展的步伐更是大势所趋。转变经济发展方式，更要强调由数量型向质量效益型的发展方向迈进。从国内外理论研究来看，更倾向于认为农产品质量包含安全，安全是质量的基础属性。因此本研究将安全视为质量的基础属性，将苹果质量安全定义为不含有害微生物、农药残留、过量重金属等危害人体健康的苹果。

范围的界定：山东苹果生产的总体布局，苹果种植面积、产量的演变，苹果品种结构变化分析，苹果需求结构变化分析，苹果产后加工处理状况，发展苹果产业的优势，苹果产业无公害种植过程中存在的主要问题，对山东苹果生产成本、产值利润构成、加工状况、过量施肥及流通体系存在的主要问题进行逐一分析。

本研究数据来源于山东实地调研的调查数据及历年中国统计年鉴、历年中国农村统计年鉴、中国海关统计年鉴、联合国统计署贸易数据库、联合国粮农组织数据库。其中主要数据来源为联合国统计署贸易数据库，该数据库包含近几十年来 160 多个国家分产品分流向的贸易统计数据，是目前世界上最大的数据库。其他数据来源将在书中分别作注。

1.3　国外相关研究及评述

1.3.1　苹果生产方面

在生产方面，早在 1994 年 Desmond O'Rourke 就已经有了较为详细的分析。Desmond O'Rourke（1994）在所著《The World Apple Market》一书中对当时世界主要是美国苹果产业的状况进行了分析，包括生产、采摘、包装、加工、贮藏、运输、分散、销售和消费等所有领域。他指出随着苹果产量的增加及其他替代水果的出现，苹果价格以及利润都呈下降趋势，这些压力促使果农为了使该产业发展下去而改变生产、处理、贮藏、加工、销售和运输模式以不断提高竞争力。同时，苹果产业已从完全依赖于自然气候转变为主要依靠采用新技术才能保持竞争力，苹果产业也从一个具有悠久文化传统的产业发展成为主要依靠投资来改革生产体系、建立新的市场组织的产业。他还分析了全球经济一体化对苹果产业的影响，以及苹果产业面对巨变中的社会、经济环境，应该采取管理和技术上的革新。此后，Jerry Glover 等（2001）根据 1994—1999 年进行的生产成本比较分析实验，发表了《A Cost Of Production Analysis of Conventional vs. Organic Apple Production System》文章。该文章的结论是在所选择的华盛顿州东部的实验苹果园中，一个 10 英亩*的苹果园，在传统生产方式或综合生产方式下，从盛果期开始到以后的 14 年中，苹果的质量和产量必须保持在很高的水平上，价格也必须保持在较高水平，才能保证盈利。对于有机生产方式下的果园，即使产量较低，也可以盈利，因为有机苹果可以在市场上获得很高的价格。加强对果园的维护，生产高质量的苹果，果园就可以盈利；相反，如果苹果质量差，即使产量高也不能盈利。因此，要想获得更多利益，必须加强对果园的维护，生产优质苹果。Aggelopoulou 等人（2015）对希腊北部的 0.8 公顷苹果园（红星、富士）在过去两个生长季的产量和质量属性进行了相关性和变异性研究，并分析了定点管理（site-specific management）的潜在可能性。研究发现，苹果产量和质量存在显著的空间和时间变化性。单棵树的产量与单果质量无关联性，产量和花朵数量与果质特征（如果肉硬度、可溶物含量和酸度）呈负相关，花朵数与产量呈显著正相关。该研究的现实意义是，可以根据花朵数量对疏花疏果实行精准计划，以实现早期产量预测。Claudio 等（2015）在假定作物获得充分的灌溉（灌溉作物）、营养以及病虫害防治的基础上，运用美国华盛顿州的历史（1975—2005 年的日报气候数据）和未来气候序列数据，建立大气环流模型（GCM）和作物系统仿真模型，就气候变化及 CO_2 升高对华盛顿东部地区农业的影响进行评估和预测。结果表明，若不受 CO_2 升高影响，未来气候变化会使苹果产量分别下降 1%（2020s）、3%（2040s）、4%（2080s）。但随着 CO_2 升高，苹果产量会分别增加 6%（2020s）、9%（2040s）、16%（2080s）。

---

* 英亩为非法定计量单位，1 英亩＝4.046 856×10^3 平方米。——编者注

农场主在做生产决策时应考虑 CO_2 升高带来的潜在收益，同时引入适应性管理，调整作物负荷管理目标，以维持水果在高产量下的质量标准。

1.3.2 苹果消费和销售方面

在苹果销售和消费方面的研究，国外主要集中于苹果品质特征对消费者苹果消费行为的影响分析，运用包括消费者认知评价在内的微观数据和内部果品质量测量手段，分析消费者的选择偏好和支付意愿及其影响因素。国外研究的视角比较多样化，采用的模型比较丰富，对于我国的苹果研究大有裨益。Kainth（1994）采用印度旁遮普邦地区的 400 份微观调查数据分析了城市居民的苹果消费行为，结果发现不同收入阶层的消费者对苹果大小、颜色的偏好不同，下层和中层阶级群体偏好较大的苹果，而中上层阶级和富裕阶层偏好较小的苹果，而各收入阶层的消费者均偏好红色苹果；家庭规模、家庭教育和可支配收入对消费者苹果消费行为影响不显著。Jaeger 等（1998）采用实验经济学研究方法分析英国和丹麦苹果消费者的消费偏好，发现苹果的风味、口感、果形和颜色对消费者偏好影响较大，且不同文化背景下的消费者对苹果品种、风味的消费偏好具有相似性。Jeffrey（1999）在《测定生态型苹果的消费》一文中强调，生态型苹果具有安全、健康、无公害、注重环保等特点，相当多的消费者愿意购买这类苹果，其发展具有广阔的前景。但要考虑到一系列诸如价格和收入等经济因素对生态型苹果需求的影响，文章对消费者数量进行了估计，得出价格以及人们对生态环境的要求和支持的力度是决定其购买行为的关键因素。Cliff 等（1999）通过研究加拿大英属哥伦比亚和新斯科舍地区不同苹果品种的外观、口味、质地对消费者苹果消费偏好和消费行为的影响，发现哥伦比亚地区的消费者偏好嘎啦和克雷斯顿苹果，新斯科舍地区的消费者偏好嘉年华和可得兰苹果；两个地区消费者的苹果消费行为受苹果外观的影响比质地影响大。Perez 等（2001）运用美国消费者食物摄入量的微观调研数据，分析美国居民的苹果产品消费行为，结果表明，西部地区消费者偏好鲜果消费，东北地区居民偏好苹果加工品；苹果及其加工产品的消费特征在不同性别、种族、年龄的人群之间差异较大，男性消费者比女性消费者更偏好鲜果消费，黑人与非西班牙裔消费者比拉美裔消费者更加偏好苹果加工产品，低龄男童偏好苹果汁消费。Bannon 和 Schwartz（2006）运用实验经济学研究方法，测试不同的信息传递渠道对儿童选择以苹果为代表的健康食品的影响，结果表明，包含营养健康信息的视频对儿童苹果消费行为具有正向影响。Péneau 等（2016）利用瑞士 4 758 份消费者微观调研数据，分析消费者对新鲜苹果消费偏好以及消费者如何通过感官和非感官性质判断苹果的新鲜性，结果表明，消费者主要通过苹果的口味、酥脆性和汁液性形成对苹果新鲜度的认知；不同年龄、性别的消费者构成苹果新鲜度的认知因素存在差异。Konopacka 等（2010）采用来自 7 个欧洲国家的 4 271 份苹果消费行为调查数据，运用统计描述方法分析不同年龄、性别和国家的消费者对苹果和桃的消费偏好和习惯，结果表明，苹果和桃的消费在不同国家存在显著差异；波兰消费者的苹果消费偏好最强，其次为意大利，荷兰和西班牙的苹果消费偏好最弱；法国消费者的桃消费偏好最强，而德国的消费偏好最弱；女性比男性更偏好苹果消费；年龄在 61～70 岁的消费者比年龄在 36～60 岁的消费者更偏好苹果消费。Vafa 等（2015）研究发现血脂高的肥胖人群消费金冠苹果后会有效提高血液中甘油三酯和极低密度脂蛋白胆固醇的含量，而对总胆固醇的影响不显著。Galmarini 等（2013）利用阿根廷和法国消费者的在线调研数据，运用卡方检验和多因素分析法，分析苹果消费者的质量预期，结果发现，消费者的质量认知受文化差异的影响，阿根廷的苹果消费者更加注重苹果的外观，而法国消费者更加注重苹果的风味。

1.3.3 苹果国际贸易方面

在苹果的国际贸易方面，国外的研究主要侧重于苹果的比较优势分析、苹果的国际竞争力的测度以及苹果的贸易壁垒等方面。对于欧盟水果贸易的研究中，欧盟每年都会发表欧盟新鲜果蔬贸易调研报告（EU Market Survey-Fresh Fruit and Vegetables），但针对中欧苹果贸易研究则仅仅是在文章中有简单表述。美国农业部主要从三个视角对苹果贸易进行研究：一是世界苹果贸易形势分析（World AppleSituation）；二是国别苹果贸易研究（Gain Report），如意大利新鲜果蔬年度报告、英国新鲜果蔬年度报告等；三是站在美国本土角度与中国、俄罗斯等苹果生产和贸易大国进行比较优势分析。Seale 等（1992）运用鹿特丹模型研究美国四个主要鲜苹果出口国（地区）加拿大、中国香港、新加坡和英国的进口需求，结果表明，如果四个国家（地区）消费者增加进口苹果消费的预算有利于美国出口增加，中国香港、新加坡和英国的消费者支出富有弹性，而加拿大的消费支出缺乏弹性，且美国苹果价格相对于其他国家（地区）苹果价格富有弹性。Linde 和 Harald（2010）运用聚类分析和统计分析方法，以标准进口价值与入市价相对偏差为指标，测定出欧盟入市价格体系与中国向欧盟苹果出口量的关联性，这种就政策与贸易相互影响的定量分析对中国苹果贸易政策评价与中国苹果进出口定价研究具有重要借鉴意义。国外除对苹果产业研究外，还致力于苹果国际市场及果汁贸易方面的研究，其数据主要由 FAO、FAS/USDA 提供。对于果汁需求的研究则始于 20 世纪 80 年代，主要研究对象是以美国、日本为首的发达国家市场，对于发展中国家的果汁需求贸易的研究滞后。学者经常站在出口商利益最大化的角度去研究发达国家的果汁市场。主要研究市场竞争中进口国的果汁的进口需求。Liu 等（2007）对加拿大橙汁进口需求进行了专门研究。加拿大对美国橙汁的进口支出弹性为富有弹性，美国橙汁的广告在加拿大效果明显。国外学者多运用 AIDS 和 Rotterdam 模型研究果汁需求弹性。但是从实证研究的结果来看，同一个问题、同样的数据，采用不同的需求系统模型，结果却有很大差异。在国际贸易比较优势理论、产业竞争理论研究中，国外文献主要从国家、地区、产业、企业、产品等不同维度，测试显示性指标（如贸易专业化系数、出口绩效相对系数、固定市场份额、显示性比较优势等）和分析性指标（如生产率水平、营销能力、组织及管理能力等直接指标，研发能力、人力资本等间接指标），分析主要苹果出口国的比较优势（Gale et al.，2010）。Sophia、Huang、Fred Gale（2006）研究了中国果蔬出口对美国果蔬业的挑战，在有关苹果贸易中分析对比了中美鲜苹果和苹果汁贸易现状，并在此基础上分析了中国苹果的竞争优势。

Brace Barritt（2009）分析了以刺激美国的苹果出口来带动本国苹果消费量增长的可行性，并研究了英国以及新加坡两个市场，提出了以刺激出口带动苹果消费量的可行性。由于全球苹果市场的结构调整，导致了南半球苹果产业竞争力不足，随着新西兰以及智力两个苹果生产大国由于相互竞争致使苹果产业竞争力不断增长，而导致欧美以及北美部分苹果生产国家苹果价格下降，农户成本收益率降低。说明苹果市场已经在全球范围内形成了一种长期的竞争关系。McCluskey J. J. 和 Quagrainie K. K.（2004）通过对华盛顿的苹果市场研究发现，虽然华盛顿苹果产业占有很高的市场份额，但是由于竞争对手的销售量以及零售商的控制，华盛顿苹果产业对市场并没有很强的支配力。此外，对美国苹果产业的种植、采摘、贮存、包装、加工、运输等环节也进行了分析，并指出，随着苹果产业规模的不断扩大，以及能够替代苹果的其他水果产业的发展，苹果产业的竞争力也会相应削弱，果农的利润也会越来越低，只有通过科学技术的不断创新，才能保证苹果产业的竞争力以及果农的利益。在贸易壁垒方面，Barry Krissoff、Linda Calvin 和 Denice Gray（1997）研究了贸易壁垒对世界苹果市场的影响，指出关税和技术性贸易壁垒升级，从而减少进口或潜在进口；基于 1994—1996 年的数据分析，研究表明如果消除关税和技术性贸易壁垒，日本、韩国、墨西哥的苹果进口数量都会增加。Stephen Devadoss、Prasanna Sridharan 和 Thomas Wahl（2009）分析贸易壁垒对美国和世界苹果市场的影响。Linda Calvin、Barry Krissoff 和 William Foster 还以美日之间的苹果贸易为例，研究了植物检疫协议对贸易产生的影响。这些研究都得到了类似的结果，即取消贸易壁垒会对苹果贸易起到很大的促进作用。Satish Y. Deodhar（2005）对印度的苹果产业进行了系统分析，分析内容主要包括印度苹果的贸易成本、贸易政策和规模。研究表明贸易成本在印度这样的发展中国家是比较高的，当地分销成本要高于关税壁垒，关税的削减会使消费者受益，贸易的自由化会促进贸易量的增加；随着不确定性植物检疫壁垒的减少和苹果零售链条的建立，苹果贸易成本会逐渐下降。Rose Davis（2009）分析了美国和智利间的苹果贸易环境和贸易政策，由于智利生产的苹果很大一部分出口到美国，所以美国应该对智利的苹果生产者、农业工人和居民及自然环境负责；当前美国和智利之间的贸易协定明显倾向于大公司的利益而不是小型苹果生产者；美国实施规模进口标准使得智利农民为了避免小的瑕疵，不得不使用农药，这损害了智利的环境和其居民的身体健康。Karov 和 Roberts（2009）基于美国 1996—2007 年 23 类水果和 23 类蔬菜的贸易数据，运用引力方程动态分析了动植物卫生检疫管制对美国水果蔬菜进口影响效应。结果表明，北美自由贸易协定（NAFTA）对美国水果蔬菜贸易具有正效应，而动植物卫生检疫管制对美国水果蔬菜进口的影响效应呈现复杂性。

1.4 国内研究现状

1.4.1 国内对苹果种植、收益方面及市场势力的研究

于仁竹（2005）在《中国苹果产业国际竞争力》一文中提出为了应对加入 WTO 后绿色贸易壁垒的隐形障碍，增强我国苹果的竞争力，我们需要优化升级苹果的品种结构，积极培育自己的新品种，在采摘、收购、加工环节上采取严格的质量标准等建议。杨金深（2006）通过调查数据研究绿色苹果与常规苹果在成本结构、产出结构、成本收益、生产效率及要素密集度等方面的差异，绿色苹果生产的资本绝对密集度和劳动绝对密集度均高于常规苹果生产，成本收益和生产效率总体上也高于常规苹果生产。刘峰、张超一（2010）观点新颖，他们在《河北省苹果生产成本分析》一文中，利用种植苹果与种植其他水果品种以及种植苹果与种植粮食作物的成本收益进行比较，分析农民种植苹果的机会成本，分析农民在有限的土地资源上选择种植作物，不仅考虑自然环境以及自身的种植习惯，更重要的是考虑投入的成本与效益相比是否有利。吴天琪（1997）认为在实际的生产过程中，一方面由于信息的不对称性和时滞性使苹果种植户无法及时把握市场信息做出合理的决策，生产要素的投入具有较强的盲目性，同时农业生产中的"剪刀差"现象使苹果种植户处于弱势地位，只能被动地承受市场价格变动和自然条件变化的双重风险，致使苹果种植户在资源利用和分配过程中无所适从。李夏（2010）在其硕士论文的研究中

得出结论：苹果的销售价格和销售收入在家庭收入中所占的比例是投入-产出效率的最重要的影响因素，苹果种植户的户主文化程度越高，对技术采纳的积极性和应用的能力越强，投入-产出效率越高。张复宏（2012）在《中国苹果出口的贸易流向及其国际市场势力分析》中认为，中国苹果的贸易流向主要集中在周边国家和地区，在国际市场上已具备了一定的市场势力。从影响贸易流向的主要因素角度看，出口对象国的GDP、中国苹果产量、苹果出口价格以及是否加入WTO都显著影响着中国苹果出口，其中如何尽快提升出口价格，优化出口市场结构是进一步做大做强苹果贸易亟待解决的问题。从国际市场势力分析的角度看，中国苹果出口在菲律宾市场势力最强，在印度尼西亚、俄罗斯和越南居中，在泰国虽然市场占有率较高，但尚未形成市场势力。值得注意的是，尽管中国苹果已在周边国家形成了一定的市场势力，出口单价近年来也有所的提高，但与一些出口目标市场的主要竞争国相比，中国所获得的苹果的贸易利益较低，控制价格能力较弱，现实的市场势力并不明显。

1.4.2 国内对苹果全要素生产率的相关研究

由于经济和人口增长的双重压力，多年以来我国农业自然资源的利用一直处于高负荷运行状态，为确保农产品的不断丰产，化肥、农药等农业投入品长期过量使用且利用率低下（仅30%～35%），致使农业面源污染日趋严重，农业生态环境日益恶化，农产品质量安全受到了严重威胁。正如美国生物学家蕾切尔·卡逊所言："农业面源污染与辐射一样正悄悄侵入人体。"2016年中央1号文件再次强调："要转变农业发展方式，实现绿色发展"。由此可见，提高农业资源利用率、控制和治理面源污染将成为确保农业健康可持续发展的关键。通过对农业主产区经济效率和环境全要素生产率的评价，可以掌握该地区农业生产效率发展水平，从而推动农业产业朝着集约化、高效化和环境友好型的方向发展。以往国内外学者的研究视角倾向于农业整体的研究，如Fan（1991）、Lambert（1998）、孟令杰（2000）、李谷成（2010）针对中国农业全要素生产率的研究，而随着研究的逐步深化，具体农业产业的研究也开始日渐增多。从苹果产业看，近年来主要集中于省区生产效率层面的分析，采用的方法主要是 DEA 的 Malmquist 指数法，如顾海、王艾敏（2007）针对河南苹果的研究，王艾敏（2009）、石会娟等（2011）、白秀广等（2013）对中国苹果主产区的对比分析，得出的结论倾向于全要素生产率的增长主要归结于技术进步的推动。但王静等（2012）基于同样方法对陕西省 4 个苹果基地县的生产效率研究，认为技术进步仅是影响全要素生产率波动的主要因素，而规模效率的增长促进了全要素生产率的提高。此外，刘天军等（2012）、白秀广等（2012）还分别运用随机前沿分析法对黄土高原主产区和中国苹果主产区的生产效率进行了对比分析，得出技术进步推动作用呈现衰退趋势的结论。由此可见，学者虽然对中国苹果生产效率进行了不同程度的研究，但大多忽略了环境因素的影响且结论存在分歧，并缺乏对中国苹果主产区经济效率的分析和评价。冯晓龙等（2015）虽然分析了中国 21 个省考虑面源污染的苹果全要素生产率，但选取的部分数据为各省农田耕种平均数据且在模型构建时未考虑松弛变量问题，因而可能使估算结果产生一定偏差。

1.4.3　农业面源污染控制的国内外的相关研究

目前，农业面源污染已经成为世界各国水污染的主要污染源，国内外学者对农业面源污染控制政策进行了深入研究。R. C. Griffin 和 D. W. Bromley（1982）最早对农业面源污染控制政策进行了较系统的理论分析，他们借鉴排污收费和排污标准等点源污染控制政策，提出了 4 种农业面源污染控制政策，即基于投入的税收与标准、基于预期排放量的税收与标准。J. S. Shortle 和 J. W. Dunn（1986）考虑了农户与管制机构之间的信息不对称性以及农业污染物排放的随机性，李秀芬（2010）提出目前比较好的防治措施有最佳农田管理、植被过滤带和人工湿地，建议我国控制农业面源污染必须从政策和法律上对农业生产活动进行规范，采用先进的理论和技术实行源头控制，并辅助以过程控制和末端控制。围绕农业面源污染控制问题的研究，总体来看主要有以下几个方面：宏观控制政策（税收或补贴）来减少农业化肥的投入、微观的农业产业调整方案从源头控污、具体的农业面源污染治理技术方案来治理污染等。而对农业面源污染的控制不管是从宏观经济政策还是从微观经济政策都存在不足：农业面源污染控制的宏观经济政策在实施的过程中会造成一边倒的倾向，即控制了化肥的投入使农业面源污染得到了控制，但会造成农产品产量明显下降而使农业经济负增长，这显然不符合中国国情；目前的微观农业面源污染控制政策比较粗糙，不能给农民提供具体可靠的实施方案，而且这类研究所得到的理论结果和当地的实际相差较大，在具体实施的过程中不能冲破瓶颈，可操作性不强，因此就容易出现实施难、效果不明显的局限性；农业面源污染治理技术等措施往往只强调污染排放后的治理，而没有从源头上降低污染物的排放量，使治污成本加大，这显然不是解决问题的根本。在防治面源污染和提升农业环境全要素生产率方面，源头即生产环节是农业面源污染治理的最佳环节，源头生产者尤其是广大农户是农业面源污染治理的关键主体。农业面源污染与农业生产方式之间的内生关系则表明（张宏艳，2004；李海鹏，2007；张晖和胡浩，2009；梁流涛等，2010），解决农业面源污染问题的根本举措在于转变农业生产方式，控制化肥农药等化学投入品的使用，推广环境友好型农业技术。强调农民是面源污染控制的主力（崔键等，2006）。李海鹏（2007）也认为农民应是农业面源污染防止的主体，优化农户行为是破解农业面源污染减排困境的关键。葛继红等（2010）认为农业面源污染的最佳治理策略是源头控制，防治的主体是农民，关键是在农民中推广环境友好型生产技术。黄祖辉（2006）通过模拟控制氮流失的四种环境规制政策对环境污染的影响，指出农户补贴政策的效果最好。

1.4.4　国内对山东苹果产业发展的研究

纵观国内关于山东苹果的研究不难发现，相对于丰富的国内外苹果研究文献，山东苹果的研究文献略显单薄。孔庆信（2002）对山东果业结构现状进行了分析并提出了发展意见，指出目前全省果业销售形势虽然出现了良好的发展态势，但仍存有需要解决的问题。果业结构优化的目标是：突出地方特色，优化区域布局，稳定面积，因地发展，规模经营；强化技术管理，改善苹果质量，拓宽流通渠道，以销促产，提高苹果生产的整体效益。辛培刚（2001）对山东果业的战略性调整与优化升级做了深入研究，分析山东苹果生产的优势与现状，提出必须进行苹果生产的战略性结构调整，以使山东的苹果在布局、树种、品种、数量、质量、产后、营销等各方面更加合理、高效，初步实现结构协调平衡化、大宗苹果高档化、干杂小果多样化、周年供应均衡化、传统名产提高化、稀特资源加强化、品种布局区域化、基地建设规模化、果农组织专业化、苹果营销产业化、产后处理现代化、贮运保鲜系列化、加工产品优质化、苹果流通市场化、执行标准国际化。其他学者也从其他角度对苹果产业做了一些研究，如陈爱娟、崔瑞丽（2008）先通过某些省份苹果产业几方面单个指标的分析，然后再利用主成分分析法将单个指标进行综合分析，从整体上对包括山东在内的主要省份的苹果产业进行评价。王建峨（2014）用趋势分析和比较分析法对山东省从 1998 年到"十五"期间，再到"十二五"期间，苹果的种植成本与收益变动情况进行分析，研究了成本与收益之间的关系。种植苹果的收益增加依赖于产值增加的幅度，苹果产值的增加主要是因为售价的快速提升，同时也得益于产量的提高，而在将来，苹果种植收益的增加会更加依靠投入产出效率的提高。公维丽、李传未（2015）介绍了沂源县苹果栽培的自然生态优势和苹果产业的发展概况，分析了存在的问题，提出了发展建议。研究发现，沂源苹果产业发展存在的问题主要有老龄化问题、家庭式分散耕作模式、抵御天灾的能力低和产品附加值低等问题。张照昆、孙葆春（2014）研究发现，苹果产业的迅速发展带动了山东栖霞经济的崛起，然而近几年来苹果价格的巨大波动，影响了栖霞经济的发展。通过实地调查，采用系统分析法分析了栖霞苹果滞销的原因，进而提出了解决栖霞苹果滞销问题的方案，希望通过市场的完善、新技术的运用和政府的大力扶持，提高栖霞苹果的产量与质量，降低苹果滞销给农民造成的损失。赵婷（2014）对 2004—2012 年山东苹果种植成本、收益和成本利润率的变动进行了实证分析，并对山东与其他主产区的苹果种植成本和收益做了比较。研究表明，山东苹果种植的总成本呈现出稳定增长态势，产值、净利润和成本利润率年度波动剧烈，近两年明显下降。山东苹果种植的总成本、产值和净利润均高于全国平均值及对照产区，但成本利润率不占优势。可通过合理降低投入成本、提高果品单位面积产量和质量、拓展市场和营销渠道、加大政策扶持力度等途径促进山东苹果种植业的发展。总体来看，现有的研究成果多集中于山东苹果产业的某一部分进行研究，专门研究山东苹果产业可持续发展的文献不多，尤其是从产业经济学视角深入分析苹果产业绿色发展的成果不多。本书希冀能在前人对苹果产业研究基础上，结合山东苹果产业发展实际，对山东苹果产业绿色发展的有关问题进行较为深入地探索，竭力将苹果产业转型的研究推向深入。

本书在已有的基础上加强了如下方面的研究：一是山东苹果产业发展的状况分析。二是山东苹果环境全要素生产率分析，尤其是与苹果主产区环境全要素生产率的对比分析。三是果农对过量施肥的认知与测土配方施肥技术采纳行为的影响因素分析。四是无公害优质苹果的种植质量安全行为研究，尤其是影响果农种植无公害优质苹果行为实施意愿的主要因素及其作用机理。五是无公害优质苹果的生产质量链问题研究。六是山东苹果产销流通效率及其运行机制的分析。七是促进山东苹果产业绿色发展的策略和建议。

1.5　研究思路与研究方法

1.5.1　研究思路

本书拟研究的主要问题有产业发展的状况分析、环境全要素生产率的对比分析、行为的影响因素分析、行为实施意愿的主要因素及其作用机理、生产质量链问题、产销流通效率问题、产业发展的策略和建议。对这些问题的研究，主要按如下思路展开"资料搜集→相关的影响研究→关键影响因素的识别→作用机理研究→优化控制策略→提升的策略和建议"的思路展开（图1-1）。

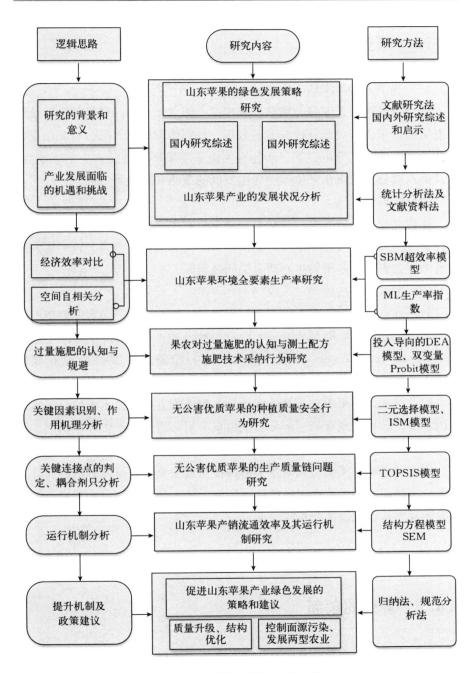

图 1-1 研究路线和主要内容

1.5.2　研究方法

（1）规范分析与实证分析相结合

把产业经济学、区域经济学、管理学、园艺学、国际贸易理论、统计学有机结合来进行规范分析与实证分析。分别体现在第二部分有关山东苹果产业发展的状况分析、第三部分有关山东苹果环境全要素生产率研究，以及第八部分促进山东苹果产业绿色发展的策略和建议等方面。

（2）比较分析法

体现在第三部分有关山东苹果环境全要素生产率研究、第四部分果农对过量施肥的认知与测土配方施肥技术采纳行为的影响因素分析、第六部分有关无公害优质苹果的生产质量链问题研究。

（3）定量分析法

利用计量经济学的有关模型诸如借鉴 TOPSIS 模型、包含非期望产出的 SBM 超效率模型和 Malmquist-Luenberger 生产率指数、Logistic 模型和 Interpretive Structure 模型、投入导向的径向超效率模型和双变量 Probit 模型、结构方程模型，分析果农种植行为的主要影响因素及其相互关系以及样本地区果农对过量施肥认知与测土配方施肥技术采纳行为的影响因素等。分别体现在第三部分有关山东苹果环境全要素生产率研究、第四部分果农对过量施肥的认知与测土配方施肥技术采纳行为的影响因素分析、第五部分有关无公害优质苹果的种植质量安全行为研究、第六部分有关无公害优质苹果的生产质量链问题研究、第七部分有关山东苹果产销流通效率及其运行机制的分析等方面。

1.6　研究的创新与不足

1.6.1　研究的创新

本书不仅对学术界已有的研究成果进行了梳理、总结和评述，而且尝试在研究视角和分析方法方面有所创新：①以产业经济学和园艺学交叉融合的视角分析了无公害优质苹果各级质量链的关键链节点及其耦合机制，旨在提高我国苹果质量链管理水平、实现苹果生产质量安全的全过程控制。②将资源环境因素纳入苹果经济效率和全要素生产率的分析框架，采用包含非期望产出的 SBM 超效率模型和 Malmquist-Luenberger 生产率指数分别测度了山东等中国苹果 7 个主产省份 2000—2014 年的经济效率和环境全要素生产率水平。③运用投入导向的径向超效率模型和双变量 Probit 模型分析了样本地区果农对过量施肥认知与测土配方施肥技术采纳行为的影响因素，并测算了相关因素对过量施肥认知产生的边际效应。

1.6.2　研究的不足

苹果产业的快速发展离不开一条衔接良好运转有序的产业链，但目前国内这方面的研究还处于起步阶段，因此迫切需要从市场发展趋势、产业转型升级和结构（生产、需求、加工、贸易、竞争力等）优化的角度，提出有针对性的建议，这使本研究因难以照顾周全而出现挂一漏万，仔细推敲，至少尚有如下问题值得进一步探究：①苹果出口的价格波动及影响因素的分析、苹果与各种农作物成本收益比较分析，这两个问题有利于从贸易结构和利益分配的视角，进一步阐明山东苹果贸易发展中存在的深层问题。②产业结构调整的最为关键问题就是如何通过科学合理的调整促进连接产业的各个环节得到价值的提升，而各个环节的研究离不开大量而广泛的国内外实地调研和比较分析，鉴于笔者的精力、能力及财力的局限性，难免会使上述各项问题的研究不够深入，还存在很多不足的方面，需要进一步展开进行深入研究。如对山东苹果产业中的竞争与合作、苹果产业结构的绩效评价、苹果产业与其他产业协调发展以及与苹果贸易大国的出口竞争力横向对比。此外，今后将以苹果全产业链质量管理为主线，研究分析生产流通过程中的质量安全关键控制点及其要素，利用二维码技术、物联网技术、网络技术以及移动互联网技术等，构建基于物联网的苹果质量安全追溯系统，实现苹果从"果园到餐桌"质量安全监督管理的跟踪与溯源。

2 山东苹果产业的发展状况分析

2.1 山东发展苹果产业的禀赋优势

2.1.1 良好的生态区位优势

山东地处黄河下游，土地面积 15.3 万平方公里，其中耕地不足一半（占 47.4%）。山东地形复杂，沙、平、山、丘皆有，其中山地、丘陵占近 1/2。土壤类型较多，主要有棕、褐、潮、沙和盐土五大类。山东属暖温带季风气候，光照充足（年日照 2 300～2 900 小时，年总辐射 481 703.92 焦/厘米^2）、热量丰富（年均气温 11～14 ℃，≥0 ℃积温 4 200～50 000 ℃）、无霜期长（180～220 天）、雨量适宜（年降水量 550～950 毫米），综合生态很适于北方各种落叶果树生长结果，具有特定的区位优势。同时山东省是中国十大沿海省份之一，地处黄河下游，东临黄海、渤海，内陆与冀、豫、皖、苏四省接壤，隔海与日本、韩国相望。海岸线长度 3 122 公里，占全国海岸线长度的 1/6，天然港湾密布，有 24 个港口，其中万吨级以上深水泊位 114 个，港口吞吐能力近 2.5 亿吨，初步形成了以青岛港、日照港和烟台港等为枢纽港，龙口、威海港为地区性重要港口，潍坊、蓬莱、莱州等中小港口为补充的现代化半岛港口群，且铁路、公路、航空等运输网络密布，形成了立体交叉的综合物流网络体系。

2.1.2 丰富的品种资源优势

山东引进苹果品种早且多，随着果品市场的国际化竞争日益增强，品种在果树生产中的作用显得越来越重要，而且品种更新换代的速度越来越快。20 世纪五六十年代"国光"一统天下的局面早已不复存在，七八十年代的"红星""秦冠"等品种也已经退出主导地位，1996 年以后，红富士、新红星、乔纳金、嘎拉等优新苹果品种发展迅速，占到苹果栽培总面积的 75％以上。2006 年苹果总产量中红富士占 70.4％，国光仅占 2.9％。经过品种改良，山东栽培果树品种进一步优化，品种结构正向国际化发展，品种集中，为果品走向国际奠定了基础。

2.1.3　已有的规模优势

山东果树栽培历史悠久，品种资源丰富，生产技术先进，面积大，产量高，素有北方落叶果树王国之美誉。2015 年山东省果园种植面积 28.68 万公顷，总产量 1 703.00 万吨，分别占全国果园总面积和水果总产量的 2.24％和 6.78％，其中苹果的栽培面积和产量分别为 29.97 万公顷和 958.43 万吨，分别占全省果树总面积和苹果产量的 45.92％和 56.28％，水果总产值 1104.32 亿元，比 2014 年增长 7.7％，占全省农业产值的 22.40％，仅次于蔬菜（39.30％）和粮食（37.11％）而居第 3 位，经济效益显著。山东苹果出口近年也有较大程度增长，出口国家由单一的东南亚市场扩展到中东和欧美市场。苹果产业已成为山东省农村的支柱产业，在发展农村经济、加速农村产业结构调整，帮助农民脱贫致富奔小康的进程中发挥了重要作用。

2.1.4　累积的技术优势

山东省有山东农业大学和青岛农业大学两所高等农业院校及省级果树研究所 1 处和地市级研究所 2 处，省市县乡均有果树技术推广部门，推广网络健全，新技术推广速度快，果农技术素质较高，在国内具有明显的果树科技优势。第二届全国农业博览会，山东省夺得 51 块金牌，第三届农博会山东苹果认定名牌 17 个，占全省农产品名牌的一半以上，位居全国之冠，苹果质量较过去有了大幅度的提高。目前山东果品贮藏、深加工能力全国第一，果品处理包装后上市的比例超过了总产量的 50％。

2.1.5　蓬勃的产业化优势

山东苹果在面积大、总产高、规模化速度快、新品种基地不断扩大的前提下，已率先出现产业化典型，2002年农业部在调查研究和专家论证的基础上，制定了《全国苹果优势区域发展规划》，山东的胶东半岛、鲁中山区等成为苹果优势产区。通过规划，突出区域比较优势，进一步明确了产业主攻方向和工作重点，按照新的苹果产业发展观，通过出口带动，走外向型产业发展的路子，使苹果生产向资源禀赋优、产业基础好、出口潜力大和比较效益高的区域集中，促进苹果优势产业带和产业群的形成。山东省把苹果产后处理列入省重点发展和攻关项目，取得显著效益。采取外引内联招商引资方法带动了加工业发展，苹果加工设备和技术得到加强，拥有多家大型现代化浓缩汁加工厂，有力地促进了山东省苹果业向产业化方向的发展。

2.2　山东苹果生产的总体布局

2.2.1　种植面积和产量布局

从表2-1可以看出，2015年山东苹果种植面积共29.97万公顷居全省前四位的市分别为：烟台（11.97万公顷，占40.00%）、威海（2.85万公顷，占9.50%）、临沂（1.77万公顷，占5.89%）和淄博（1.33万公顷，占4.45%）。聊城、济南和青岛三市位居其后，且苹果种植面积差别不大，均占全省的5%左右，分别为1.53万公顷、1.49万公顷、1.25万公顷。

表2-1　2011—2015年山东各市苹果种植面积分布情况

单位：公顷

地　区	2011年	2012年	2013年	2014年	2015年
全省总计	276 267	289 818	303 368	304 596	299 675
济南市	14 897	15 124	15 351	15 339	14 857
青岛市	15 792	14 818	13 843	13 760	12 544

（续）

地　区	2011 年	2012 年	2013 年	2014 年	2015 年
淄博市	15 816	16 901	17 986	15 883	13 335
枣庄市	3 720	3 813	3 905	3 783	3 603
东营市	2 346	2 401	2 455	2 286	2 478
烟台市	114 914	116 471	118 027	117 697	119 866
潍坊市	10 719	10 926	11 132	10 635	8 868
济宁市	4 074	4 017	3 960	3 707	3 584
泰安市	6 502	6 786	7 070	7 323	7 482
威海市	25 798	26 436	27 074	28 312	28 484
日照市	4 327	5 785	7 243	6 557	6 645
莱芜市	2 080	2 062	2 044	2 041	1 978
临沂市	21 029	20 114	19 198	17 515	17 659
德州市	2 945	3 253	3 560	3 476	3 261
聊城市	14 052	14 142	14 232	14 865	15 250
滨州市	5 196	5 430	5 664	5 458	4 404
菏泽市	12 060	11 876	11 692	11 265	10 711

数据来源：山东统计信息网。

表 2 - 2　山东苹果种植面积分布结构

单位：%

地　区	2011 年	2012 年	2013 年	2014 年	2015 年
全省总计	100.00	100	100.00	100.00	100.00
济南市	5.39	5.23	5.06	5.04	4.96
青岛市	5.72	5.14	4.56	4.52	4.19
淄博市	5.72	5.83	5.93	5.21	4.45
枣庄市	1.35	1.32	1.29	1.24	1.20
东营市	0.85	0.83	0.81	0.75	0.83
烟台市	41.60	40.26	38.91	38.64	40.00
潍坊市	3.88	3.78	3.67	3.49	2.96

（续）

地　区	2011 年	2012 年	2013 年	2014 年	2015 年
济宁市	1.47	1.39	1.31	1.22	1.20
泰安市	2.35	2.34	2.33	2.40	2.50
威海市	1.47	5.20	8.92	9.29	9.50
日照市	2.35	2.37	2.39	2.15	2.22
莱芜市	9.34	5.01	0.67	0.67	0.66
临沂市	1.57	3.95	6.33	5.75	5.89
德州市	0.75	0.96	1.17	1.14	1.09
聊城市	7.61	6.15	4.69	4.88	5.09
滨州市	1.07	1.47	1.87	1.79	1.47
菏泽市	5.09	4.47	3.85	3.70	3.57

数据来源：山东统计信息网。

就产量而言（表 2-3、表 2-4），其分布情况与种植面积大体上相一致，2015 年居前四位的依次为：烟台（463.65 万吨，占 48.38%）、威海（90.99 万吨，占 9.49%）、淄博（48.79 万吨，占 5.09%）、青岛（44.46 万吨，占 4.64%），临沂、菏泽、聊城三市位居其后，产量分别为 56.24 万吨、32.92 万吨、29.47 万吨，分别占全省的 5.87%、3.44% 和 3.08%。

表 2-3　2011—2015 年山东各市苹果产量分布

单位：吨

地　区	2011 年	2012 年	2013 年	2014 年	2015 年
全省总计	8 379 378	8 710 375	9 304 735	9 297 020	9 584 325
济南市	234 704	245 759	253 691	257 874	253 593
青岛市	541 804	528 124	473 876	459 031	444 633
淄博市	570 565	604 367	655 327	555 095	487 865
枣庄市	66 323	69 195	73 250	73 572	72 775
东营市	44 902	50 525	48 533	50 034	52 280
烟台市	3 975 976	4 193 407	4 189 980	4 224 633	4 636 511
潍坊市	374 324	378 211	378 139	330 778	274 085

（续）

地 区	2011 年	2012 年	2013 年	2014 年	2015 年
济宁市	102 713	92 731	90 318	78 029	78 786
泰安市	149 061	152 846	162 495	167 794	171 150
威海市	719 835	775 995	838 033	889 622	909 873
日照市	133 713	145 766	142 042	141 222	145 922
莱芜市	20 944	19 910	21 671	21 213	20 688
临沂市	599 129	603 353	608 042	567 534	562 357
德州市	93 416	91 615	97 734	90 086	85 968
聊城市	271 141	273 108	268 997	290 070	294 780
滨州市	132 738	142 317	129 745	140 387	133 835
菏泽市	348 089	343 142	347 944	340 778	329 222

数据来源：山东统计信息网。

表 2 - 4　2011—2015 年山东各市苹果产量分布结构

单位：%

地 区	2011 年	2012 年	2013 年	2014 年	2015 年
全省总计	100.00	100.00	100.00	100.00	100.00
济南市	2.80	2.82	2.73	2.77	2.65
青岛市	6.47	6.06	5.09	4.94	4.64
淄博市	6.81	6.94	7.04	5.97	5.09
枣庄市	0.79	0.79	0.79	0.79	0.76
东营市	0.54	0.58	0.52	0.54	0.55
烟台市	47.45	48.14	45.03	45.44	48.38
潍坊市	4.47	4.34	4.06	3.56	2.86
济宁市	1.23	1.06	0.97	0.84	0.82
泰安市	1.78	1.75	1.75	1.80	1.79
威海市	8.59	8.91	9.01	9.57	9.49
日照市	1.60	1.67	1.53	1.52	1.52
莱芜市	0.25	0.23	0.23	0.23	0.22

（续）

地 区	2011 年	2012 年	2013 年	2014 年	2015 年
临沂市	7.15	6.93	6.53	6.10	5.87
德州市	1.11	1.05	1.05	0.97	0.90
聊城市	3.24	3.14	2.89	3.12	3.08
滨州市	1.58	1.63	1.39	1.51	1.40
菏泽市	4.15	3.94	3.74	3.67	3.44

数据来源：山东统计信息网。

2.2.2 山东苹果品种布局

山东省苹果主要以红富士为主，目前种植面积占到全省的 80%，其次为嘎啦 10.7%、红将军 6%，其他的占 3.3%。因此，研究山东省苹果的品种布局应以这三大类苹果为主。不难看出，山东苹果品种过于单一，早中晚比例失调，晚熟品种几乎全是富士系。从全国来看，目前红富士种植面积占种植面积的 70%，其次为元帅 9.2%、秦冠 6.8%、嘎啦 6.3%，由此可见，山东苹果的种植结构较之全国苹果早中晚比例失调状况更为严重，如此单一的品种结构难以满足国内外广大消费者对苹果多样化的需求。

2.3 山东苹果产业的种植规模分析

从种植面积上看，1991—1996 年山东苹果种植面积一直呈稳步增长势头，到 1996 年种植面积达到阶段高点 66.33 万公顷，而后自 1998 年以来开始逐年回落，到 2010 年种植面积达到 20 年来的最低水平，2011 年以后苹果种植面积才有所提升，但近几年增幅趋缓。从苹果总产量来看，总体呈稳步增长趋势，只有个别年份稍有波动，1991 年的苹果总产量为 162.85 万吨，到 1996 年达到 605.64 万吨，1996—2003 年总产量处于震荡，2004 年后总产量又开始稳步回升，2015 年达 958.43 万吨。从图 2-1 可以看出，尽管山东苹果产量呈震荡攀升之势，但苹果种植面积总体上不断下降，过去 20 年间，从 1991 年的 54.57 万公顷下降到 2011 年的 27.63

万公顷，下降了 51.51％，2015 年又回升到 29.97 万公顷。由此不难看出，正是由于单产的不断增加，使得苹果产量呈现出不断上升的态势。

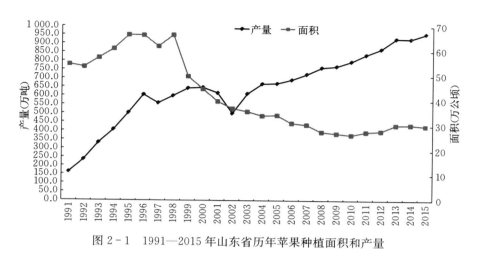

图 2 - 1　1991—2015 年山东省历年苹果种植面积和产量

2.4　产后加工处理状况分析

苹果的产后处理是实现再增值的必要手段，是带动果业优质高效发展的关键，是形成苹果产业链的重要环节，也是消化苹果、解决积压的主要途径之一。据山东济南果品研究院统计，2016 年我国苹果加工量仅占总产量的 17％，其中加工浓缩果汁 375 万吨占总产量的 9％、脱水罐头 350 万吨占总产量的 8％，其余主要是鲜果的流通和销售，其中出口 132 万吨占总产量的 3％。近年来通过引进和自主研发果树产品化处理流水线，使优选果率显著提高，山东果品处理包装后上市的比例已经超过 50％。采后贮藏能力也得到了很大提高，山东果品贮藏、深加工能力全国第一，拥有 10 余家大型现代化浓缩汁加工厂，浓缩汁年生产能力达到 50 万吨，果汁饮料超过 5 万吨。建成各类果品贮藏保鲜库 3 000 多座，其中现代化大型气调库 13 座、恒温库 400 多座，总贮量达 90 万吨；引进国际先进分级打蜡包装生产线 24 条。高档果品生产和采后处理促进了配套产业的发展，分别建成了果品纸装厂、网装厂、专用肥厂、纸箱厂、无公害农药厂等配套产业。

2.5　山东苹果需求结构

2.5.1　山东苹果需求总体分析

基于统计资料的局限性，本书通过山东居民水果的消费状况，来对山东苹果总体需求情况进行分析。由表 2-5 和表 2-6 可以看出，山东居民水果消费总量不断增长，结构不断升级。总的说来，山东居民水果消费现状呈现快速上升的趋势。在食品消费中，主食消费比重呈现缓慢下降，而包括水果在内的副食品消费比重则在不断上升。从水果消费支出在城市居民人均食品消费支出中所占的比例来看，呈现出缓慢上升的趋势。由此可以看出，随着人们收入水平的提高，苹果人均消费水平和消费比重也在逐渐提高，苹果消费总量不断增长。

2.5.2　山东农村居民苹果需求分析

鉴于数据的可得性，本书以水果的需求来反映苹果的需求，水果需求主要构成是城乡居民的消费需求、其他需求、外省和出口需求。十几年来，得益于水果生产能力的改善、收入水平的提高和生活方式的变化，山东省农村居民人均水果消费量稳定提高，2000 年为 14.12 千克，2007 年上升到了 18.10 千克，受 2008 年世界金融危机对经济产生的负面影响，几年来山东省农村居民人均水果消费量略有下降，2010 年为 17.58 千克，但 2013 年有所回升，人均为 25.11 千克。此外，随着城市化的进程不断推进，农村居民呈不断下降态势，由 2000 年的 6 566 万人下降到 2015 年的 5 120 万人，然而水果的消费总量却有所上升，由 2000 年的 92.71 万吨上升到 2015 年的 233.47 万吨。

表 2-5　2000—2015 年山东农村居民水果消费需求

年份	人均消费（千克）	人口（万人）	消费总量（万吨）
2000	14.12	6 566	92.71
2001	19.48	6 507	126.76
2002	14.80	6 435	92.54

（续）

年份	人均消费（千克）	人口（万人）	消费总量（万吨）
2003	14.98	6 275	94.00
2004	8.04	6 212	49.94
2005	8.66	6 066	52.53
2006	16.79	6 055	101.66
2007	18.1	5 909	106.95
2008	17.92	5 860	105.01
2009	17.65	5 902	104.17
2010	17.58	5 698	100.17
2011	20.72	5 646	116.99
2012	25.29	5 559	140.59
2013	25.11	5 482	137.65
2014	41.7	5 462	227.77
2015	45.6	5 120	233.47

数据来源：山东统计信息网。2000 年、2001 年数据是由 1999 年数据推算而得。

2.5.3　山东城镇居民苹果需求分析

十几年来，城镇居民的苹果消费需求量也呈稳步增长趋势。根据中国住户调查年鉴统计，山东城镇居民 2000 年人均干鲜瓜果消费支出为 144.59 元，2015 年上升到了 1 358.4 元。其中鲜果主要购买的果品就是供应期最长的苹果。随着城市化进程的不断推进，城镇居民人口呈不断上升态势，由 2000 年的 2 409 万人上升到 2015 年的 4 702 万人，城镇居民干鲜瓜果消费支出由 2000 年的 34.81 亿元增加到 2015 年的 638.71 亿元，以苹果为代表的水果消费量无疑会持续增加（表 2-6）。

表 2-6　2000—2015 年山东城镇居民水果消费需求

年份	年人均消费支出（元）	城镇居民人口（万人）	消费支出（亿元）
2000	144.59	2 409	34.81
2001	146.76	2 517	36.94
2002	160.55	2 634	42.29
2003	156.02	2 833	44.2

（续）

年份	年人均消费支出（元）	城镇居民人口（万人）	消费支出（亿元）
2004	181.33	2 951	53.51
2005	206.89	3 147	65.11
2006	251	3 228	81.02
2007	297.43	3 436	102.2
2008	319.58	3 532	112.88
2009	370.01	3 548	131.28
2010	403.26	3 839	154.81
2011	484.10	3 945	190.98
2012	606.96	4 021	244.06
2013	748.8	4 130	309.25
2014	1 242.2	4 285	532.28
2015	1 358.4	4 702	638.71

数据来源：山东统计信息网。

2.5.4 国内需求变化分析

从近几年苹果销售统计情况来看，山东的苹果约 80% 外销，国内市场以南方为主。苹果是大众水果，老百姓是消费主体，低价是提升销售量的基础。销售中呈现先小果后大果、先果农后果商、先地面果再冷库果最后气调库果的特点。苹果价格温和向上，消费量逐渐上升。与往年同期相比，2015 年春节期间苹果价格的波动幅度不大，整体销售情况略好于2014 年。据山东省苹果中心专业服务系统统计，红富士苹果 2015 年 6 月19 日烟台栖霞冷库苹果价格行情：纸袋红富士 80# 以上 9.00～9.80 元/千克，纸袋红富士 75# 7.00～8.40 元/千克，纸袋红富士 70# 5.60～7.00 元/千克，纸袋红富士 65# 1.60～2.40 元/千克。纸袋红富士 80# 以上通货 3.40～5.60 元/千克。红富士苹果 2015 年 6 月 18 日沂源冷库苹果价格行情：纸袋红富士 75# 以上：5.00～5.60 元/千克，纸袋红富士85#～90# 6.00～6.40 元/千克，纸袋红富士 65# 以下 2.00～2.80 元/

千克。小城镇果商直接从产地进果，越过大型批发市场在当地小市场销售，销售量不可小视。2015 年 1 月 15 日和 2 月 15 日统计，大润发超市华东区、华南区苹果销售同比分别增加 6％和 5％。从近年来广州、深圳"百果园水果专营连锁"销售模式来看，包括优质苹果在内的水果销售一年比一年好。一头在产地源头，一头接销售终端，减少环节，避免了批发市场、超市销售的某些缺陷，优势明显。目前"百果园水果专营连锁"有 300 多家门店、一个培训中心、有广州、深圳两个大型配送中心，业务红红火火，增长势头强劲。随着供需关系的变化，高档果供不应求，而大众苹果销路不畅，价格走低，局部地区出现苹果滞销问题。套袋的高档优质红富士苹果，每千克价格多在 5.0～8.0 元；中低档果价格大幅度下滑，且销路不畅，如普通红富士、红星、金帅等每千克为 4～5 元。

2.5.5 国外需求变化分析

苹果因其营养价值高、生态适应性强、耐储性好、供应周期长素有"水果之王"的美誉，深受世界各地消费者的喜爱。中国是世界上最大的苹果生产国，自 1991 年以来一直位居世界苹果生产首位。2010 年苹果出口量达 112.30 万吨，位居世界第一，出口额达 8.32 亿美元，位居世界第二，在世界苹果贸易中占有重要地位。近年来山东省苹果出口贸易发展较快，出口贸易额保持持续增长，总体上看，苹果出口贸易额始终占中国苹果出口额的五成以上，优势地位明显。从出口增长率来看，除 2008 年爆发世界金融危机对 2009 年出口增长率造成一定影响外，其余各年的出口增长率均为正值，2004 年苹果出口额 1.558 亿占中国出口额的 52.68％，2013 年苹果出口额 5.43 亿占中国出口额的 57.92％，比 2004 年增长了 248.53％，随着中国-东盟自由贸易区 2010 年的建成，给素有"北方落叶果树王国"之美誉的山东苹果产业带来了良好的发展机遇。由于苹果产业属高度密集产业，山东省不仅劳动力资源丰富，而且苹果品种资源丰富，土壤气候适宜苹果生长，与其他省份相比，苹果的优质果率较高。因此，山东苹果在国际市场上有较大的价格优势，多年来出口价格始终高于全国平均价格水平。据推测未来 5 年山东省出口苹果量的年均增长速度将为

15％左右，苹果出口量将会保持持续增长。加入 WTO 后，苹果经济全球化与区域经济合作化的机遇与挑战并存，面对全面落实科学发展观和农业产业调整的宝贵机遇，将会给山东苹果生产与开发带来新的生机与繁荣。山东苹果属优势行业，有丰富的果树资源、生态资源、人力资源、栽培经验和价格优势可供利用，将促进苹果进行战略性结构调整和质量的提高，并加快和国际苹果行业标准接轨，扬长避短，将优势产业做大做强。

表 2-7　2004—2015 年山东省苹果出口数量、金额及所占全国出口的份额

年份	山东出口额（亿美元）	出口总额（亿美元）	山东占比（％）	山东净出口增长率（％）	山东出口量（万吨）	山东单价（美元/吨）	全国出口总量（万吨）	全国单价（美元/吨）
2004	1.558 2	2.744 7	56.77	0	34.818	447.53	77.448 3	354.39
2005	1.684 4	3.063 1	54.99	8.10	36.091 9	466.7	82.405	371.72
2006	2.232 1	3.725 5	59.91	32.52	37.411	596.64	84.422 6	463.2
2007	3.001 9	5.126 7	58.55	34.49	48.924 2	613.58	101.908 8	572
2008	3.943 3	6.986 6	56.44	31.36	53.445 6	737.82	115.336 9	605.8
2009	3.900 3	7.1	54.93	−1.09	53.258 7	732.33	117.142 4	607.9
2010	4.916 6	8.3	59.24	26.06	56.683 6	867.38	112.295 3	740.5
2011	5.270 9	9.1	57.92	7.21	52.560 6	1 002.82	103.463 5	883.7
2012	5.271 4	9.6	54.91	0.01	46.445 9	1 134.95	114 487.8	1 035.6
2013	5.430 8	10.31	52.68	3.02	46.943 2	1 156.89	99.466 4	1 036.53
2014	5.090 1	10.27	49.56	−0.06	38.379 8	1 326.22	86.507 0	1 187.19
2015	4.068 7	10.31	39.46	−20.34	30.607 5	1 329.31	83.301 7	1 237.67

数据来源：根据中国海关总署有关数据计算。

表 2-8　2014—2015 年主要苹果进口国分布情况

国家	2014 年度		2015 年度		进口增长量（万吨）	进口增长率（％）
	进口量（万吨）	占比（％）	进口量（万吨）	占比（％）		
俄罗斯	81.70	13.45	78.00	12.64	−3.7	−4.53
白俄罗斯	72.40	11.92	66.00	10.69	−6.4	−8.84
欧盟 28 国	40.00	6.59	45.00	7.29	5.00	12.5
墨西哥	31.40	5.17	29.00	4.7	−2.4	−7.64
阿联酋	22.40	3.69	22.50	3.64	0.1	0.45

（续）

国家	2014 年度		2015 年度		进口增长量 （万吨）	进口增长率 （%）
	进口量 （万吨）	占比 （%）	进口量 （万吨）	占比 （%）		
加拿大	21.70	3.57	26.00	4.21	4.3	19.82
埃及	20.10	3.31	25.00	4.05	4.9	24.38
印度	20.40	3.36	19.20	3.11	−1.2	−5.88
伊拉克	20.20	3.33	20.00	3.24	−0.2	−0.99
孟加拉	15.10	2.49	14.50	2.35	−0.6	−3.97
合计	345.40	56.87	345.20	55.92	−0.2	−0.06
世界总量	607.40	100.00	617.30	100.00	9.9	1.63

数据来源：美国农业部对外农业服务局 2016 年。

从表 2-9 可以看出，世界苹果进口量总体呈现增加态势，由 2014 年的 607.4 万吨增加到 2015 年的 617.30 万吨，2015 年比 2014 年进口量增加了 1.63%。俄罗斯、白俄罗斯、欧盟位列苹果进口的前三甲，但 2015 年俄罗斯、白俄罗斯进口量呈现下滑态势，而欧盟 28 国继续保持增长态势。其他国家中，除阿联酋、加拿大、埃及 2015 年继续保持增长态势外，其余国家多数呈现下滑态势。

表 2-9　2014—2015 年主要苹果消费国分布情况

国家	2014 年度		2015 年度		消费增长量 （万吨）	消费增长率 （%）
	消费量 （万吨）	占比 （%）	消费量 （万吨）	占比 （%）		
中国	3 703.80	58.75	3 860	58.75	156.20	4.22
欧盟 28 国	777.10	10.90	715.90	10.90	−61.20	−7.88
美国	260.40	3.5	229.80	3.5	−30.60	−11.75
印度	238.40	3.61	237.20	3.61	−1.20	−0.50
土耳其	206.40	3.73	245.20	3.73	38.80	18.80
俄罗斯	180.00	2.78	173.00	2.63	−7.00	−3.89
伊朗	140.50	2.17	136.80	2.08	−3.70	−2.63
合计	5 506.60	85.11	5 597.90	85.20	91.30	1.66
世界总量	6 470.20	100.00	6 570.50	100.00	100.30	1.55

2.5.6 品种单一化发展对山东苹果国际竞争力的影响

中国作为世界第一苹果生产大国，2015 年的产量约占世界的 53%，而世界其他苹果生产国产量总和约 3500 万吨，排列前 10 位的品种分别是金冠（占 15.99%）、元帅（占 15.22%）、嘎拉（占 12.78%）、富士（占 7.17%）、艾达红（占 4.80%）、澳洲青苹（占 2.99%）、乔纳金（占 2.63%）、粉红女士（占 2.23%）、布瑞本（占 1.72%）和红玉（占 1.21%），其中列前 5 位的 5 个品种产量比重为 56.0%，排列前 10 位品种产量比重为 67.7%，品种结构表现出了广泛的多样性。而山东苹果品种单一问题极为突出，主栽品种富士种植面积和产量不断提高。2014 年富士占山东苹果总产量 71%，第二大品种国光的占比仅有 4%。品种单一化发展对山东鲜苹果竞争力的保持非常不利。首先，供应期高度集中，2015 年 10—12 月鲜苹果出口占全年总出口达 39%，进口商需要承担很大的分销压力和价格波动风险；其次，与消费需求多元化趋势相悖，致使山东苹果难以在目标市场上长期立足。消费者具有多样化偏好，品种多元化则是应对消费者偏好不断变化的必要手段。其他主要出口国苹果品种多元化程度要远高于我国（表 2 - 10），一旦山东苹果目标市场的消费者偏好发生改变，市场份额很容易被挤占。

表 2 - 10 2015 年苹果主要出口国的品种结构（按产量计算）

美国		欧盟		新西兰		智利		南非	
品种	占比(%)	品种	占比(%)	品种	占比(%)	品种	占比(%)	品种	占比(%)
蛇果	21	金冠	20	皇家嘎啦	30	嘎啦	42	金冠	25
嘎啦	16	嘎啦	11	布瑞本	20	澳洲青苹	17	澳洲青苹	18
澳洲青苹	10	艾达红	9	太平洋系列	10	蛇果	13	皇家嘎啦	16
金冠	9	蛇果	5	富士	10	粉色佳人	10	粉色佳人	10
富士	8	乔纳金	5	爵士	10	富士	8	富士	8
其他	36	其他	50	其他	20	其他	10	其他	23

数据来源：World Apple and Pear Association（WAPA），由作者整理。

品种单一化还表现为加工品种极度匮乏，导致我国苹果汁档次和品质与国际需求错位越来越严重。在国际市场上，苹果汁酸度越高，维生素 C 含量越高，也越能满足客户调制各种酸度的需求，因而更受欢迎和售价更高。国内虽有澳洲青苹、红玉和金冠等少量品种适用加工，但产量太少，只能以富士、秦冠等低酸鲜食品种的残次果作为主要加工原料，从而使得我国苹果汁长期处于国际低端市场。近年来，波兰在国际苹果汁市场迅速崛起的重要原因在于其不仅拥有一定规模加工专用的高酸品种的种植基地，而且艾达红、金冠和乔纳红等主栽品种也能鲜食加工兼用，保障了中、高酸果料的充足供应，极大地满足了国际市场对高酸苹果汁的需求，进而也严重威胁到我国第一大苹果汁出口国的地位。可以预见，在今后很长时期内，我国苹果汁市场占有率仍将继续受到波兰的挤压。

2.6　影响山东苹果出口的成本价格及相关因素分析

2.6.1　生产成本、产值利润构成分析

（1）成本费用构成对比分析

按照可取的数据资料，对山东和参照省陕西及全国苹果成本构成情况做如下简要分析。2007—2015 年，山东、陕西和全国苹果成本中，第一大支出为直接物质费用，其中主要支出是用于化肥和农药的支出，第二大支出为人工费用，2015 年山东、陕西和全国直接物质费用分别为 2 698 元/亩*、993.13 元/亩和 1 767.76 元/亩，人工费用所占比例分别为总成本的 61.15%、69.77% 和 48.46%。作为苹果生产第一大省，山东在成本费用方面明显高于全国平均水平，其中主要支出直接物质费用无论是绝对额还是相对量都居全国领先水平，正是这种高投入换来了高产出（表2-11）。

---

* 亩为非法定计量单位，1 亩＝1/15 公顷。——编者注

表 2 - 11 2009—2015 年山东、陕西及全国每亩苹果主要生产成本构成

单位：元/亩

	项目	2009 年	2010 年	2011 年	2012 年	2013 年	2014 年	2015 年
山东	1. 直接费用	1 974.12	2 061.28	2 220.56	2 640.75	2 064.1	2 501.05	2 698.00
	其中：化肥费	871.19	871.94	1 071.44	1 271.66	1 279.22	1 404.53	678.18
	农药费用	396.13	441.12	432.41	469.96	465.12	419.16	426.10
	2. 间接费用	62.67	58.53	61.95	64.8	71.41	40.96	45.75
	3. 人工费用	1 673.72	2 043.34	2 645.94	3 650.56	4 210.39	4 309.02	4 727.13
	4. 土地成本	133.88	166.36	205.39	220.7	238.18	253.26	259.48
陕西	1. 直接费用	904.81	976.84	1 079.36	1 038.05	1 113.58	1 025.53	993.13
	其中：化肥费	350.05	404.38	401.85	333.17	348.98	302.84	301.41
	农药费用	181.31	177.16	186.24	190.97	192.12	189.16	171.01
	2. 间接费用	41.13	33.76	42.93	43.17	42.68	43.34	41.81
	3. 人工费用	906.90	1 168.07	1 472.07	1 920	2 255.38	2 468.85	2 598.41
	4. 土地成本	89.94	91.81	81.49	83.87	82.93	90.86	90.86
全国平均	1. 直接费用	1 473.76	1 549.01	1 580.14	1 553.95	1 499.59	1 557.28	1 767.76
	其中：化肥费	340.93	398.52	520.23	453.51	465.11	508.56	493.42
	农药费用	256.61	287.21	270.48	269.24	263.7	268.12	261.30
	2. 间接费用	349.95	333.47	337.20	350.47	310.22	328.53	293.37
	3. 人工费用	1 488.97	1 707.20	1 944.15	2 519.85	2 746.83	3 186.83	3 253.80
	4. 土地成本	208.31	259.82	299.13	321.1	337.97	358.83	340.50

数据来源：全国农产品成本收益资料汇编。

（2）产值利润构成分析

对山东、陕西和全国苹果产值利润构成情况简要分析如下。其一，作为苹果生产大省，2015 年山东亩产 2 940.63 千克，明显高于陕西亩产 1 779.59 千克和全国亩产的平均水平 2 078.95 千克。其二，2015 年山东苹果的每亩产值为 10 898.34 元也远高于全国的 7 490.40 元。其三，2015 年山东苹果的每亩净利润为 3 167.98 元明显低于陕西 5 162.19 元，略高于全国的 2 128.34 元。由此可见，山东在成本费用方面明显高于陕西和全国平均水平，但亩产净利润远远低于陕西，说明近年来山东在苹果种植方面逐渐失去了利益的比较优势。从 2009—2015 年全国及主要苹果生产

省份苹果利润增长对比中不难发现，2015年比往年，山东苹果每亩净利润出现了大幅减少，明显落后于陕西，仅略高于全国平均水平，说明山东苹果产业转方式调结构已迫在眉睫（表2-12）。

表2-12 2009—2015年山东、陕西及全国每亩苹果产值利润构成

项目	单位	2009年	2010年	2011年	2012年	2013年	2014年	2015年
山东亩产量	千克/亩	2 678.34	2 905.68	2 513.21	3 017.72	2 591.54	2 343.65	2 940.63
山东产值	元/亩	8 144.65	13 241.08	11 922.54	11 642.4	10 516.63	14 607.42	10 898.34
山东总成本	元/亩	3 844.39	4 329.51	5 133.84	6 576.81	7 124.08	7 104.30	7 730.36
山东净利润	元/亩	4 300.26	8 911.57	6 788.70	5 065.59	3 392.55	7 503.12	3 167.98
全国亩产量	千克/亩	1 961.50	1 864.32	1 966.66	2 058.55	1 957.14	1 876.44	2 078.95
全国产值	元/亩	6 462.27	8 881.18	8 772.61	8 772.26	8 141.33	8 912.32	7 490.40
全国总成本	元/亩	3 520.99	3 849.50	4 160.62	4 745.37	4 894.61	5 431.47	5 362.06
全国净利润	元/亩	3 941.28	5 031.68	4 611.99	4 026.89	3 246.72	3 480.85	2 128.34
陕西亩产量	千克/亩	1 957.63	1 679.54	1 883.27	2 059.34	1 914.1	1 857.74	1 779.59
陕西产值	元/亩	4 612.46	6 544.88	7 693.09	9 365.06	9 471.29	11 500.82	8 886.40
陕西总成本	元/亩	1 942.78	2 279.70	2 675.85	3 084.59	3 451.89	3 628.58	3 724.21
陕西净利润	元/亩	2 669.68	4 265.18	5 017.24	6 280.47	6 019.4	7 872.84	5 162.19

数据来源：全国农产品成本收益资料汇编。

（3）农产品产量收益对比分析

首先，从近年来山东主要种植的农作物产量对比来看，2015年山东苹果亩产2 940.63千克，明显高于粳稻、玉米、小麦和花生等农作物的亩产量，具备了明显的产量优势。其次，从近年来山东主要种植的农作物净利润对比来看，2015年山东苹果的每亩净利润为3 167.98元，与2014年相比虽明显下降，但与其他主要农作物净利润相比依然优势明显，比花生每亩净利润高出了近33倍，比玉米和小麦每亩净利润高出了近30倍。最后，从近年来山东主要种植的农作物成本利润率对比来看，2015年山东苹果的每亩成本利润率为40.98%，尽管比2014年明显下滑，但与其他主要农作物每亩成本利润率相比仍遥遥领先。通过对比分析不难发现，山东苹果种植具备明显的单位产品产量及收益的比较优势，因此，应当继续重点发展和壮大苹果产业（表2-13）。

表 2 - 13   2012—2015 年山东省每亩农产品产量收益对比

单位：千克/亩，元/亩，%

项目	年份	苹果	棉花	花生	大豆	玉米	小麦	粳稻
主产品产量	2015	2 940.63	92.82	291.64	166.34	516.03	461.68	547.45
	2014	2 343.65	93.44	311.32	173.12	546.71	462.74	418.45
	2013	1 957.14	88.24	250.21	138.04	488.01	382.76	543.06
	2012	2 058.55	91.53	237.11	146.68	492.55	374.32	547.85
净利润	2015	3 167.98	−1 265.96	96.5	90.54	105.39	105.96	290.58
	2014	7 503.12	−788.97	357.57	299.95	259.22	170.07	57.71
	2013	3 246.72	25.26	124.6	33.68	77.52	−12.78	294.06
	2012	4 026.89	−214.98	675.2	128.63	197.68	21.29	404.19
成本利润率	2015	40.98	−51.23	6.26	11.99	10.64	10.54	21.20
	2014	105.61	−32.82	23.80	45.04	26.94	17.18	5.35
	2013	66.33	−9.87	9.46	5.38	7.66	−1.04	22.12
	2012	84.56	1.30	58	22.25	21.39	2.56	33.05

数据来源：全国农产品成本收益资料汇编。

2.6.2   价格对比分析

（1）国内销售价格对比

从 2009—2015 年全国及主要苹果生产省份苹果销售价格对比中不难发现，近年来价格平均较高的省份为陕西和山东，其售价处于全国较高的水平。辽宁和河北的苹果价格位居陕西和山东两省之后，处于全国中等的售价水平，而山西、河南苹果价格处于全国主要苹果产区的低端售价水平。将近 7 年山东苹果价格对比，苹果价格波动较大，2014 年达到近几年的峰值，但 2015 年却出现了明显下滑，2015 年比 2009 年增长了21.75%，低于同期山东苹果总成本的增幅 101.82%；将 2015 年与 2009年全国平均苹果价格对比，苹果价格增长了 9.39%，低于同期全国平均苹果总成本的增幅 52.29%。由此，我们不难发现山东及全国苹果生产净利润增幅放缓的内在原因（表 2 - 14）。

表 2-14　2009—2015 年山东及中国其他主要苹果生产省份苹果销售价格

单位：元/吨

地区	2009 年	2010 年	2011 年	2012 年	2013 年	2014 年	2015 年
全国	3 292	4 761	4 458.6	4 259.4	4 158.6	4 747.6	3 601.2
山东	3 039.4	4 556.4	4 743.2	3 857.4	4 056.6	6 227.6	3 700.4
河北	2 233.2	3 921.6	3 763.6	3 750.8	3 377.2	3 692.2	3 082.4
山西	1 459.6	2 431.6	2 605.2	2 365	2 605.2	2 834.8	2 145.6
辽宁	3 056.4	4 535.6	3 720.6	3 540	3 611	4 588.4	3 234.4
河南	1 582.2	3 507.8	2 435.8	2 363.4	2 564.6	3 027.8	2 444.8
陕西	2 347.2	3 887.6	4 085	4 547.6	4 948.2	6 190.8	4 993.6

数据来源：全国农产品成本收益资料汇编。

（2）出口价格对比

影响中国苹果出口竞争力的因素有很多，概括起来可分为价格竞争力和非价格竞争力，也可以说是硬竞争力和软竞争力。硬竞争力主要是指价格方面的因素，而软竞争力主要是指改良品种、调整产业结构、提高苹果质量等。为了研究出口价格对中国苹果国际竞争力的影响，采用出口价格指标。某商品平均出口价格＝某国某商品出口价值/某国某商品出口数量，反映的是某出口国某产品在国际市场上的相对价格。相同条件下，价格高，在国际市场上的竞争力弱；价格低，竞争力强（表 2-15）。

表 2-15　2006—2015 年主要苹果出口国出口价格

单位：美元/千克

国家	2006 年	2007 年	2008 年	2009 年	2010 年	2011 年	2012 年	2013 年	2014 年	2015 年
阿根廷	0.49	0.56	0.74	0.71	0.78	0.81	0.89	0.96	0.95	0.81
比利时	0.77	0.78	1.00	0.71	0.73	0.77	0.90	1.03	0.86	0.60
智利	0.61	0.73	0.90	0.73	0.76	0.85	0.96	1.01	1.00	0.94
中国	0.46	0.50	0.61	0.61	0.74	0.88	0.98	1.04	1.19	1.24
意大利	0.79	0.95	1.20	0.91	0.90	1.02	1.00	1.19	1.00	0.84
荷兰	0.85	0.94	1.21	0.86	0.87	0.96	0.99	1.45	1.00	0.95
新西兰	0.71	0.82	0.83	0.78	0.91	0.87	0.95	1.16	1.26	1.21
南非	0.59	0.64	0.68	0.69	0.69	0.43	0.57	0.92	0.93	0.84
美国	0.86	0.98	1.05	0.93	1.06	1.14	1.25	1.26	1.22	1.04

数据来源：根据 UN Comtrade Database 有关数据计算。

从表 2-15 可以看出，世界苹果贸易强国如美国、意大利、荷兰和新西兰的出口价格 10 年间均高于中国的平均出口价格，而这些国家多为经济发达国家，在苹果出口的品种和质量上具有一定优势，说明它们苹果生产的技术水平较高。智利、南非和阿根廷等发展中国家苹果出口价格略低于中国的平均出口价格。2006—2015 年中国苹果的出口价格呈逐年上升态势，尤其是 2013 年首次超过了 1 美元/千克的出口价格大关，但与美国、意大利等苹果出口强国相比，仍存在不小的差距，到了 2015 年中国苹果的出口价格已跃居世界首位，说明中国苹果出口已开始由数量型向质量效益型转变。总体看来，中国苹果的国际市场势力有所增强，呈现出口价格不断攀升的良好局面，但出口数量却呈现一定程度的下滑，可见价格并非是影响中国苹果国际竞争力的主要因素。

2.6.3 非价格因素

既然价格不是影响中国苹果国际竞争力的主要因素，那么影响中国苹果国际竞争力的就主要是非价格因素。波特曾指出差异性非价格因素和成本价格因素之间存在相互取舍的关系，也就是说，在不同农产品市场甚至同一农产品市场的不同发展阶段上，价格和非价格因素交替在农产品市场竞争中发挥主导作用。由于食物是人类生存的必要条件，且消费者个体食品消费量存在生理阈限，使得农产品具有需求价格弹性小于工业品价格弹性这一特征。随着收入的增长，农产品价格在竞争中的重要地位正在且将继续下降，以农产品质量为主的非价格竞争日益成为农产品市场竞争尤其是国际市场竞争的焦点（周荣荣，2005）。

（1）产品品质

据商务部 2014 年统计，目前主要国际组织和贸易国发布的有关水果的质量标准包括欧盟标准、联合国欧洲经济委员会标准、食品法典委员会标准、联合国经济合作与发展组织标准、美国标准、俄罗斯含前苏联标准等，主要从商品品质包括颜色、果形、大小、损伤、清洁度、病虫害、成熟度、耐储运性、食用品质甜酸含量、果汁多少、香味浓否、营养品质等方面规定了鲜食苹果的质量。质量是影响苹果国际竞争力的重要因素，苹果质量包括内在品质和外在品质。由于中国果树栽培技术水平低，管理落后，新技术发展又很不平衡，因此规范的精细化果园少。从内在质量来看，山东苹果产量虽然高，但优质果率不到苹果总产量的50％，达到出口标准的高档果不足总产量的10％，而世界主要苹果出口国可供出口的高档果占总产量的50％。山东苹果内在品质与出口仍然有一定差距，即使是优势产区达到出口级别的果品也不足20％，比发达国家低30多个百分点，加之产后包装业与国外有较大的差距，削弱了山东苹果在国际市场上的竞争能力，一般靠低价位竞争国际市场，出口目的国主要是东南亚市场，出口到欧美市场的量很少。无公害/绿色果品生产刚刚起步，生产者大多不熟悉有关标准，仍然有不同程度的农残超标，由于受到技术壁垒的限制，直接影响了高端市场上的竞争力。

（2）苹果品种结构与多样性

不同品种的农产品具有天然的品质差异，这是难以人为控制的或者说人为控制的成本很高。实行适地适栽，合理搭配品种结构，对该农产品的整个产业发展具有十分重要的意义。中国出口的苹果绝大多数是适宜直接以鲜果形式消费的产品，适合不同需要的特色品种和不同上市期的品种相对较少。从整个世界市场来看，虽然新鲜苹果消费量很大，且在不断增长，但加工用苹果的需求量也在快速增加，中国适合加工的苹果品种较少。因此从品种结构上看，中国苹果的国际竞争力较弱。在多样性方面，目前，山东与其他省份相比，有一定优势。山东有红富士、嘎拉、红将军、津轻、金冠、红星、红玉、乔纳金、澳洲青苹等优良品种，仅烟台地区就有200多个苹果品种，这也是导致山东苹果出口近年来保持全国首位的重要原因。

（3）苹果流通及营销

中国苹果流通体制不健全，没有形成竞争有序、全国统一的苹果大市场。市场基础设施比较薄弱，批发市场、期货市场发育不健全，影响了苹果进入市场的机会，而且缺乏一个比较完备的系统的信息体系。中国苹果种植分散，大多数果农还是以生产为中心，各自入市销售，与龙头企业联合的主动性明显不足，影响了苹果营销渠道的畅通。

2.7 山东苹果产业布局与结构的影响分析

（1）在生产布局上缺乏宏观科学规划，品种结构有待进一步优化

总体来看，山东苹果产业布局缺乏统一有效的规划，区域果业结构雷同，地方名、特、优果品优势不突出，没有很好地形成区域特色苹果，品种选择盲目性较大。现有主栽品种，只有新红星苹果有全国栽植区划意见，其余品种几乎没有做出区划规划，如红富士，至今已开发30年，都未搞区划意见。从树种、品种结构上看，山东苹果生产中，品种过于单一，晚熟品种所占比例大，早、中、晚熟比例失调，造成产期集中。目前苹果的主栽品种以红富士、元帅系、金冠等品种为主，晚熟品种比例近80%，早熟品种不足5%，致使成熟期过于集中。红富士苹果比例过大，不仅影响中晚熟品种的发展，也影响了红富士苹果的效益和销售。苹果采后市场销售压力大，同时鲜食与加工品种比例不协调，主栽品种都是鲜食品种，适于加工的品种很少，致使苹果加工企业没有稳定的优质原料基地，加工产品的数量和质量难以适应市场的要求。

因此要进一步调整品种产期比例和增加专用加工品种的栽植比例，同时，在鲜食品种的发展上，不但要适于中国人，也要适于其他国家的需求。

（2）从产品结构上看，优质高档果率比较低，总体质量较差

山东省苹果质量总体上比较低，优质高档果率不高，价格上不去，生产与市场脱节，对市场显得不适应。特别是大宗的富士苹果内在品质与出口仍然有一定差距，尤其是最近几年套袋苹果由于斑点、裂口、粗皮及苦痘病影响外观品质而直接降低了一级果率，即使是优势产区达到出口级别的苹果也不足30%，比国外发达国家低30多个百分点。而且无公害苹果生产刚刚起步，生产者大多不熟悉有关标准，仍然有不同程度的农残超标。这削弱了山东苹果在国际市场上的竞争能力，一般靠低价位竞争国际市场，出口国也主要是东南亚市场，出口到欧美市场的量很少。国际市场上要求苹果外观精美，果型端正，果面光洁，大小适中、均匀，果色鲜艳，糖酸度适中，风味浓郁，无农药残留和病虫害检疫对象，果实采收后

进行商品化处理。随着经济的发展，国际市场对高档果的需求越来越大，原来对中档果需求量较大的中非、俄罗斯等国家也加大进口优质高档果，因此我们必须注重苹果质量问题，加大优质高档果的生产。

（3）从加工结构上看，苹果加工存在诸多问题

虽然山东省是苹果生产大省，具有独特的区位和资源优势，然而，苹果加工的发展形势却不容乐观。由于产业结构和环保方面的问题，苹果加工行业的发展还存在着较多的制约因素。

第一，缺乏行业规范，存在无序竞争。山东苹果产量的迅速增长带动了加工业的发展，许多苹果种植大省纷纷上马浓缩苹果汁加工生产线，随着产业规模的盲目扩大，国内不少企业为了争夺出口市场竞相压价销售，最终导致"反倾销"结局。第二，部分企业存在违规操作。一些企业把低价销售作为竞争的唯一手段，破坏了苹果汁市场的游戏规则，少数企业从自身利益出发进行商业运作，不考虑行业的整体利益。第三，原料加工性能差。国际市场最受欢迎的是高酸苹果汁，酸度越高其维生素 C 含量越高，价格也就越高，在国际市场上酸度每提高一度，每吨浓缩苹果汁可多卖 150 美元。山东苹果主要产区种植的大部分是适宜鲜食的品种，企业所用原料大多数为鲜食果中的残次果和落地果，不但质量达不到要求，而且存在严重的安全隐患。第四，缺乏直接客户，导致利润空间减小。山东省很多企业没有成为国外客户重要的直接供应商，多数情况是由中间商从事销售。第五，产品质量问题比较突出。原料的质量直接影响到浓缩苹果汁产品的质量，棒曲霉素（Patulin）是浓缩苹果汁国际贸易中的一个重要技术指标，美国进口商要求浓缩苹果汁中棒曲霉素的含量低于 5 微克/千克，棒曲霉素超标的主要原因是使用了残次果、落地果、腐烂果。另外还有色值下降、农药残留超标、果汁酸度低等问题。第六，产品单一，深加工落后，包装单调，苹果采后商品产业化处理水平不高。长期以来，山东苹果一直作为初级产品投放市场，采后处理设施严重不足，大部分地区还停留在即摘即卖阶段。果品先进生产国鲜食果品都经过机械化清洗、打蜡、分级、包装，再投放市场，山东苹果商品化处理果比例低，仅占总产量的 2% 左右。虽然果品总贮藏能力已占总产量的 50% 左右，位居全国首位（表 2-16），但主要以土窑洞、冷凉库等土法贮藏为主，普通冷藏约

占总贮藏量的 20%，气调贮藏近年有较大发展，达到 13%。出口果品量最近两年大幅度提高，但占总产量的比例远远低于其他国家。

表 2 - 16   2015 年全国苹果主要生产省冷库库容量

单位：万吨

省份	山东	陕西	河南	河北	山西	辽宁	北京
库容量	458	230	80	50	48	45	8

目前山东苹果的年加工量在 93 万吨左右，约占全省苹果总量的 10%，虽在全国处于领先，但与世界先进国家相比差距较大，日本的苹果加工量占 25% 左右，美国苹果的加工量高达 45% 以上。先进国家的苹果生产已基本上实现了采后的冷链流通（包括运输、贮藏和销售），而中国苹果冷链流通几乎等于零。而且原料供应明显不足，目前的加工原料大部分是以鲜食苹果富士、秦冠的残次果、落地果为主，较适于加工的鲜食品种小国光较少。

（4）从产业化结构上看，农民组织化程度低，产业化体制不健全

山东苹果生产基本上是以家庭为单位，规模小，投入不足，缺乏组织性。从生产到销售市场各环节关联性差，"小生产与大市场"的矛盾突出，很难实现产、运、贮、销一体化，削弱了终端产品的竞争力。龙头企业规模小、数量少，市场竞争能力不足，对产业的带动能力不够，没有与果农形成合作共同体，影响了苹果产业的健康发展。在营销上，果农各自为政，无序竞争，没有科学的营销策略和方法，无法与国际大市场接轨。而国外苹果销售一般由专门的营销公司负责，或者由果农联合起来的苹果协会负责统一销售，有科学的销售策略和方法，能够及时地准确地了解国内外市场信息变化和主要贸易伙伴国相关政策法规，真正实现以市场为导向。山东苹果生产销售的社会化服务体系及信息网络也不健全，农户生产时获得的市场信息不充分，在种植上存在盲从现象，极易造成产量和价格不稳定，收入没有保障。而且，千家万户小规模经营的果园，产业化程度相对较低，生产难以推行标准化，同时受资金能力所限，果农也无力采纳现代贮藏保鲜技术。

3 山东苹果环境全要素生产率研究

3.1 农业全要素生产率及其影响的概述

由于经济和人口增长的双重压力，多年以来我国农业自然资源的利用一直处于高负荷运行状态，为确保农产品的不断丰产，化肥、农药等农业投入品长期过量使用且利用率低下（仅 30%～35%），致使农业面源污染日趋严重，农业生态环境日益恶化，农产品质量安全受到了严重威胁。正如美国生物学家蕾切尔·卡逊所言："农业面源污染与辐射一样正悄悄侵入人体。"2016 年中央 1 号文件再次强调："要转变农业发展方式，实现绿色发展。"由此可见，提高农业资源利用率、控制和治理面源污染将成为确保农业健康可持续发展的关键。提升农业资源利用率是提高农业全要素生产率的有效途径，而促进化肥、农药"减施增效"和控制面源污染的目的是实现农业健康可持续发展，因此，上述关键科学问题的本质就是如何处理好农业发展、资源利用及环境保护三者的关系，促进农业朝着绿色、环保、健康可持续的方向发展。而考虑环境因素的农业全要素生产率正是评价三者协调性及农业可持续发展的一个崭新视角，所以针对这一问题的研究具有重要的理论价值与现实意义。

通过对农业主产区经济效率和环境全要素生产率的评价，可以掌握该地区农业生产效率发展水平，从而推动农业产业朝着集约化、高效化和环境友好型的方向发展。以往国内外学者的研究视角倾向于农业整体的研究，例如 Fan（1991）、Lambert（1998）、孟令杰（2000）、李谷成（2010）针对中国农业全要素生产率的研究，而随着研究的逐步深化，具体农业产业的研究也开始日渐增多。从苹果产业看，近年来主要集中于省区生产效率层面的分析，采用的方法主要是 DEA 的 Malmquist 指数法。例如顾海、王艾敏（2007）针对河南苹果的研究，王艾敏（2009）、石会娟等（2011）、白秀广等（2013）对中国苹果主产区的对比分析，得出的结论倾向于全要素生产率的增长主要归结于技术进步的推动。但王静等（2012）基于同样方法对陕西省 4 个苹果基地县的生产效率研究，认为技术进步仅是影响全要素生产率波动的主要因素，而规模效率的增长促进了全要素生产率的提高。此外，刘天军等（2012）、白秀广等（2012）还分别运用随机前沿分析法对黄土高原主产区和中国苹果主产区的生产效率进行了对比分析，得出技术进步推动作用呈现衰退趋势的结论。由此可见，学者虽对中国苹果生产效率进行了不同程度的研究，但大多忽略了环境因素的影响且结论存在分歧，并缺乏对中国苹果主产区经济效率的分析和评价。冯晓龙等（2015）虽分析了中国 21 个省考虑面源污染的苹果全要素生产率，但选取的部分数据为各省农田耕种平均数据且在模型构建时未考虑松弛变量问题，因而可能使估算结果产生一定偏差。鉴于此，本书选取《全国农产品成本收益资料汇编》苹果种植的相关数据，将资源环境因素纳入苹果全要素生产率的分析框架，利用包含非期望产出的 SBM 超效率模型，结合 Malmquist-Luenberger（ML）生产率指数考察了 2000—2014年渤海湾区和黄土高原区两大苹果优生区 7 个主产省的经济效率及全要素生产率的变化，并利用莫兰指数对环境全要素生产率进行了空间自相关分析，以期能对苹果主产区环境全要素生产率的变化状况进行较为准确地刻画，为实现苹果产业的"资源节约型、环境友好型"的健康可持续发展提供参考。

3.2　农业环境全要素生产率的相关研究

（1）环境约束下经济效率模型的构建

如何绕开价格因素的影响将环境因素纳入效率分析的框架，一直是学术界努力探寻的方向。本书采用包含非期望产出的 SBM 超效率模型，将苹果的每亩产值视为一种"好"产出，农业化学投入品造成的面源污染视为一种"坏"产出，利用该模型最优解无量纲和允许 SBM 效率值大于 1

的两大鉴别优势，针对苹果经济效率进行分析评价。假设生产投入的 m 种生产要素 $X=(x_1,\ x_2,\ \cdots,\ x_m)\in \mathbf{R}^m_+$，得到 q 种"好"产出 $Y=(y_1,\ y_2,\ \cdots,\ y_m)\in \mathbf{R}^q_+$ 和 n 种"坏"产出 $b=(b_1,\ b_2,\ \cdots,\ b_n)\in \mathbf{R}^n_+$。当期环境技术下包含"坏"产出的 SBM 超效率模型的线性规划式如下：

$$\min\rho=\frac{1+\dfrac{1}{m}\sum_{i=1}^{m}\dfrac{s_i^-}{x_{ik}}}{1-\dfrac{1}{q_1+q_2}\left(\sum_{r=1}^{q_1}\dfrac{s_r^+}{y_{rk}^g}+\sum_{t=1}^{q_2}\dfrac{s_t^{b-}}{b_{tk}}\right)} \qquad (3-1)$$

$$\text{s. t.}\begin{cases} x_{ik}\leqslant \sum_{j=1,j\neq k}^{n}x_{ij}\lambda-s_r^+ \\[2mm] y_{rk}^g\leqslant \sum_{j=1,j\neq k}^{n}y_{rj}^g\lambda+s_r^+ \\[2mm] b_{rk}\geqslant \sum_{j=1,j\neq k}^{n}b_{rj}\lambda+s_t^{b-} \\[2mm] s_i^-,\ s_r^+,\ \lambda\geqslant 0,\ i=1,\ 2,\ \cdots,\ m;\ r=1,\ 2,\ \cdots,\ q_1; \\[1mm] t=1,\ 2,\ \cdots,\ q_2;\ j=1,\ 2,\ \cdots,\ n\ (j\neq k) \end{cases}$$

式（3-1）中 ρ 为苹果经济效率值；m、q 和 n 分别为投入、"好"产出和"坏"产出因素的个数；$s=(s_i^-,\ s_r^+,\ s_t^{b-})$ 为投入、"好"产出和"坏"产出的松弛量；x_{ik}、y_{rk}^g 和 b_{tk} 分别为"好"产出和"坏"产出的值；λ 是权重向量。对于特定的被评价单元，当且仅当 $\rho\geqslant 1$ 时，被评价单元有效；如果 $\rho<1$ 时，被评价单元存在效率损失。把式（3-1）中的 s_t^{b-} 和 b_{rk} 去掉，该模型变为不考虑"坏"产出的 SBM 模型。

（2）环境全要素生产率的构建和分解

由于仅用当期单元进行效率测算容易出现无解的情形，本书将继续采用序列方法对单元进行测算，参考了 Chambers 等（1996）、Chung 等（1997）、Fare 等（2007）、Fukuyama 和 Weber（2009）的研究方法，利用关系式全要素生产率（Malmquist-Luenberger）＝技术进步率（$MLTECH_t^{t+1}$）×技术效率变化率（$MLEFFCH_t^{t+1}$），结合包含非期望产出的 SBM 超效率模型来分析考虑环境因素约束的全要素生产率变动的影响因素。具体公式如下：

$$ML_t^{t+1} = \left[\frac{1 + \vec{D}_0^t(x^t, y^t, b^t; y^t, -b^t)}{1 + \vec{D}_0^t(x^{t+1}, y^{t+1}, b^{t+1}; y^{t+1}, -b^{t+1})} \times \right.$$

$$\left. \frac{1 + \vec{D}_0^{t+1}(x^t, y^t, b^t; y^t, b^t)}{1 + \vec{D}_0^{t+1}(x^{t+1}, y^{t+1}, b^{t+1}; y^{t+1}, -b^{t+1})} \right]^{\frac{1}{2}}$$

$$(3-2)$$

$$MLTECH_t^{t+1} = \left[\frac{1 + \vec{D}_0^{t+1}(x^t, y^t, b^t; y^t, -b^t)}{1 + \vec{D}_0^t(x^{t+1}, y^{t+1}, b^{t+1}; y^{t+1}, -b^{t+1})} \times \right.$$

$$\left. \frac{1 + \vec{D}_0^{t+1}(x^t, y^t, b^t; y^t, -b^t)}{1 + \vec{D}_0^t(x^{t+1}, y^{t+1}, b^{t+1}; y^{t+1}, -b^{t+1})} \right]^{\frac{1}{2}}$$

$$(3-3)$$

$$MLEFFCH_t^{t+1} = \left[\frac{1 + \vec{D}_0^t(x^t, y^t, b^t; y^t, -b^t)}{1 + \vec{D}_0^{t+1}(x^{t+1}, y^{t+1}, b^{t+1}; y^{t+1}, -b^{t+1})} \right]$$

$$(3-4)$$

（3）指标选取与数据处理

本书旨在考查资源环境约束下的中国主产省的苹果全要素生产率，由于 DEA 方法对异常数据的敏感性，选取 2000—2014 年中国两大苹果优生区陕西、山东、甘肃、河北、河南、辽宁及山西 7 个苹果主产省份的跨期面板数据进行相关分析。生产投入要素主要包括人工、化肥（农田化肥＋复合肥）、农药、灌溉及农业机械等费用构成每亩生产总成本，产出变量分为"好产出"和"坏产出"，"好产出"为各省各年苹果每亩产值，"坏产出"为各省苹果生产每亩化肥折纯用量（包括氮肥、磷肥、复合肥）导致的面源污染排放量，原始数据均来自《全国农产品成本收益资料汇编》。考虑到面源污染难以量化和度量，本书在借鉴韩海彬、赖斯芸等研究成果的基础上，以综合调查为基础的清单分析方法对中国两大苹果优生区省际层面上的农业面源污染量进行核算，结合苹果生产的实际情况，确定与苹果生产相关的面源污染主要包括农田化肥（有机肥＋农家肥）和复合肥两类产污单元，运用单元调查法测算农业生产污染物排放量。以两大苹果优生区 7 个主产省的苹果种植户为对象，根据果农抽样调查数据及试验结果，利用单元调查法对果农生产过程中产生的总氮（TN）、总磷（TP）的污染物排放量进行测算，并进行趋势分析。

表 3 - 1　主要产污单元清单列表

活动类别	调查单元	调查指标	单位	排放清单
农田化肥	氮肥、磷肥	使用量（折吨）	万吨	TN、TP
复合肥	氮肥、磷肥	使用量（折吨）	万吨	TN、TP

利用清单分析，农业面源染排放量和排放强度计算公式为：

$$E_j = \sum_i^n EU_i\rho_{ij}(1-\eta_i)C_{ij}(EU_i,S) = \sum_i^n PE_{ij}\rho_{ij}(1-\eta_i)C_{ij}(EU_i,S)$$

$$(3-5)$$

$$PI = E_j/S \qquad (3-6)$$

式中，E_j 为投入的面源染物总氮（TN）、总磷（TP）的排放量；n 为面源染物产污单元总数；EU_i 为单元 i 指标统计数；ρ_{ij} 和 C_{ij} 分别为单元 i 污染物 j 的产污和排放系数，C_{ij} 由单元和空间特征 S 决定，表明各区域环境因素对投入的面源染物排放的综合影响；PE_{ij} 为单元 j 生产造成的最大面源染物的排放量；η_i 为单元 j 的利用率；PI 为面源污染等标排污量；S 为排污评价标准。产污强度及利用系数依据梁流涛、陈敏鹏等使用的清单分析法计算而得。

3.3　山东与中国苹果主产区的经济效率及全要素生产率的测算对比分析

（1）苹果主产省生产规模及经济效率值对比分析

步入 21 世纪以来中国苹果生产集中度逐步提升，据《中国统计年鉴》统计，本书选取的 7 个苹果主产省苹果总产量在全国的占比已从 2000 年的 88.64％提升到 2014 年的 97.91％。从生产规模看，自 2008 年后陕西的苹果产量超越山东，越居中国苹果生产的首位。从增长速度来看，甘肃近期的苹果产量增长最快，2014 年比 2013 年增长了 136.13％，一举超越河南仅次于陕西和山东位列苹果总生产量的第三位。此外，陕西、山西的苹果产量均有不同幅度的增长，而位于环渤海湾区的山东、河北苹果 2014 年产量基本与上期持平，辽宁则较上期出现了小幅下降。由此不难看出，中国苹果主产区不仅生产集中度呈现提升，而且在苹果主产区内部空间生产布局也在悄然发生着变化，苹果主产区的重心存在着由环渤海湾区（山东、河北、辽宁）逐渐向黄土高原区（陕西、甘肃、河南、山西）迁移的现象，彰显了"西移北扩"发展态势。根据包含"坏"产出的SBM超效率模型结合组群参比模型得出的2000—2014年经济效率值来看，不考虑"坏产出"时，中国苹果7个主产省的经济效率值的总体均值排名顺序为山东、河北、陕西、辽宁、山西、河南、甘肃；考虑"坏产出"时，中国苹果7个主产省的经济效率值的总体均值排名顺序为山东、河北、陕西、山西、河南、辽宁、甘肃。从2010年以来经济效率值的变化趋势看，7个主产省苹果产业"两型农业"的发展水平都有不同程度的提高，以陕西为代表的黄土高原区的经济效率值提升迅速，说明该地区产量增长的同时，苹果质量和经济效益水平也获得了明显提升。而以河北和辽宁为代表的环渤海湾区近年来的经济效率值均出现了低于均值的现象，苹果产业"两型农业"的发展水平呈现出明显的下降趋势。从考虑"坏产出"和不考虑"坏产出"的经济效率值对比分析看，7个主产省考虑"坏产出"后的数值均呈现了明显的下降，由此可见，忽视环境因素的苹果经济效率值的确存在高估现象。

表3-2 2000—2014中国苹果7个主产省考虑与不考虑"坏产出"的经济效率值

年份	甘肃	河北	河南	辽宁	山东	山西	陕西
2000	0.471/0.495	0.790/0.959	0.867/0.898	0.996/1.107	1.113/1.244	0.796/0.844	1.073/1.184
2001	0.510/0.532	1.105/1.216	0.678/0.713	0.979/1.090	1.152/1.263	0.743/0.786	0.771/0.873
2002	0.776/0.809	1.073/1.184	0.748/0.790	0.896/0.989	1.011/1.122	0.858/0.904	0.959/1.031
2003	0.540/0.565	1.217/1.372	0.888/0.890	0.631/0.718	1.437/1.548	0.977/1.003	0.90/0.957
2004	0.652/0.692	1.388/1.511	0.895/0.933	1.008/1.095	1.295/1.422	0.688/0.727	0.704/0.794
2005	0.473/0.493	1.131/1.280	0.895/0.940	1.022/1.113	1.391/1.502	0.750/0.791	0.814/0.907
2006	0.732/0.776	1.132/1.249	1.089/1.111	0.983/1.077	1.061/1.178	0.966/1.001	0.830/0.901
2007	0.753/0.800	1.257/1.387	0.874/0.935	0.987/1.075	1.251/1.362	0.773/0.814	0.899/0.972
2008	0.587/0.628	1.082/1.193	0.767/0.904	0.861/0.981	1.226/1.337	0.708/0.746	0.793/0.941
2009	0.628/0.671	0.990/1.076	0.901/0.942	0.963/1.042	1.126/1.237	0.975/1.002	1.006/1.117
2010	0.566/0.606	0.713/0.808	0.837/0.929	0.713/0.799	1.254/1.336	1.060/1.112	1.000/1.130

（续）

年份	甘肃	河北	河南	辽宁	山东	山西	陕西
2011	0.636/0.682	0.786/0.888	0.926/0.929	0.785/0.877	1.265/1.388	1.004/1.054	1.019/1.152
2012	0.582/0.623	0.798/0.907	0.857/0.906	0.740/0.833	1.269/1.380	1.084/1.107	1.081/1.192
2013	0.687/0.730	0.909/1.020	0.895/0.947	0.785/0.890	1.162/1.295	1.062/1.091	1.085/1.197
2014	0.737/0.776	0.918/1.092	0.917/0.984	0.678/0.765	1.083/1.234	1.048/1.074	1.008/1.199
平均	0.622/0.659	1.019/1.134	0.869/0.917	0.868/0.963	1.206/1.323	0.899/0.937	0.930/1.036
平均排名	7/7	2/2	5/6	6/4	1/1	4/5	3/3

数据来源：根据《全国农产品成本收益资料汇编》2001—2015 年数据计算所得。

（2）苹果主产区环境全要素生产率的测算与对比分析

依据上述模型及数据，本书运用 MaxDEA 软件分别测算了考虑环境约束和不考虑环境约束的 Malmquist-Luenberger 和 Malmquist 生产率指数及其分解，结果如表 3-3 所示。

表 3-3　2000—2014 年中国苹果主产省苹果全要素生产率及其分解

年份	考虑环境约束			不考虑环境约束		
	ML	MLEFFCH	MLTECH	ML	MEFFCH	MTECH
2000—2001	0.970	0.995	0.981	0.976	0.991	0.980
2001—2002	1.117	0.940	1.189	1.126	0.946	1.190
2002—2003	0.922	1.180	0.781	0.935	1.194	0.783
2003—2004	0.905	0.916	0.998	0.907	0.910	0.997
2004—2005	1.040	1.118	0.930	1.042	1.116	0.934
2005—2006	1.149	1.065	1.079	1.151	1.065	1.080
2006—2007	1.239	1.045	1.185	1.239	1.047	1.183
2007—2008	0.651	0.895	0.727	0.652	0.892	0.730
2008—2009	1.014	1.022	0.992	1.014	1.026	0.988
2009—2010	1.360	1.064	1.278	1.363	1.064	1.282
2010—2011	0.932	0.912	1.022	0.939	0.913	1.029
2011—2012	0.803	0.895	0.896	0.804	0.896	0.897
2012—2013	0.886	0.998	0.888	0.887	0.999	0.888
2013—2014	1.122	0.963	1.121	1.166	0.963	1.211
平均值	1.011	1.001	1.007	1.017	1.002	1.015

注：ML 表示环境全要素生产率。

当考虑环境约束时，2000—2014 年，两大主产区苹果全要素生产率平均增长为 1.1%，其中技术效率对其增长的贡献率仅为 0.1%，而技术进步率对其增长的贡献率为 0.7%；当忽略环境因素时，两大苹果主产区苹果全要素生产率平均增长为 1.7%，其中技术效率对全要素生产率平均增长的贡献为 0.2%，技术进步率的平均增长贡献为 1.5%。由此可见，导致苹果全要素生产率增长动因主要来自技术进步且近五年呈现明显波动态势，这一点更倾向于刘天军等（2012）、白秀广等（2012）得出的苹果主产区技术进步推动作用呈现衰退趋势的结论。对比结果还显示苹果环境全要素生产率的均值更低（表 3 - 4），说明苹果生产过程中呈现出了"好"产出的增长率不及"坏"产出的减少率的现象，苹果产业的发展的确存在粗放型增长的现象。

表 3 - 4　2000—2014 年苹果主产省全要素生产率和环境全要素生产率的分段均值及排名

年份	省份	考虑环境约束		不考虑环境约束		排名变动
		ML	排名	ML	排名	
2000—2008	河北	1.016	6	1.006	7	+1
	山西	1.060	3	1.051	5	+2
	辽宁	1.015	7	1.072	3	-4
	山东	1.095	2	1.025	2	0
	河南	1.042	4	1.058	4	0
	陕西	1.041	5	1.037	6	+1
	甘肃	1.147	1	1.371	1	0
2009—2014	河北	0.831	7	0.852	6	-1
	山西	0.864	6	0.805	7	+1
	辽宁	0.899	5	0.932	5	0
	山东	1.084	1	1.266	1	0
	河南	0.951	4	0.975	4	0
	陕西	0.978	2	1.018	2	0
	甘肃	0.971	3	0.990	3	0

由于 2008 年前后中国苹果主产区生产格局发生了显著变化，所以表 3 - 4 划分了两个时间阶段来考察苹果主产省的具体 Malmquist 指数均值排名的前后变化：①当不考虑环境因素时，苹果主产省全要素生产率排

名，2000—2008 年依次为甘肃、山东、辽宁、河南、山西、陕西、河北，2009—2014 年依次为山东、陕西、甘肃、河南、辽宁、河北、山西。②当考虑环境因素时，苹果主产省全要素产率排名，2000—2008 年依次为甘肃、山东、山西、河南、陕西、河北、辽宁，2009—2014 年依次为山东、陕西、甘肃、河南、辽宁、山西、河北。由此不难看出，考虑环境因素后的全要素生产率排名顺序发生了明显的变化。2000—2008 年辽宁的苹果环境全要素生产率排名出现了明显的下降，说明其"好"产出增长幅度不及"坏"产出的下降幅度；山西、陕西的苹果环境全要素生产率排名明显上升，说明其"好"产出增长幅度超过了"坏"产出下降幅度，产业发展的同时生态环境也获得了明显改善。值得注意的是无论是否考虑环境因素山东和甘肃的苹果全要素生产率始终位列前茅，而陕西的苹果全要素生产率在 2009—2014 年排名上升最快，紧随山东位居次席，说明近年来陕西、甘肃和山东的苹果产业得到了快速发展，且产业发展与环境之间较为协调。总之，2000—2008 年苹果主产省全要素生产率和环境全要素生产率的排名顺序变化较大，一定程度上反映了这一期间苹果主产省之间的投入产出及产业布局发生了显著变化；2009—2014 年苹果主产省全要素生产率和环境全要素生产率的排名顺序相对稳定，但考虑环境因素的全要素生产率普遍低于未考虑环境因素的全要素生产率，说明近年来中国苹果主产省份之间产业发展与环境之间的确存在不协调现象。

3.4　苹果环境全要素产率的时空格局演化分析

（1）苹果环境全要素生产率全域莫兰指数的相关分析

为印证环境因素对全要素生产率产生的内在影响，需要运用 Moran's I 指数分别对中国苹果主产区 7 个主产省环境全要素生产率的全局与局域空间自相关性进行检验，以判定在 2000—2014 年 7 个主产省苹果环境全要素生产率是否存在集聚现象。

$$Moran'sI = \frac{n \sum\limits_{i=1}^{n} \sum\limits_{j=1}^{n} w_{ij}(x_i - \bar{x})(x_j - \bar{x})}{\sum\limits_{i=1}^{n} \sum\limits_{j=1}^{n} w_{ij}(x_i - \bar{x})} \qquad (3-7)$$

Moran's I 指数取值范围是 [−1，1]，当 $I > 0$ 趋近 1 时，表明指标值具有正空间自相关性，空间地理现象呈现相似的集聚态势；当 $I < 0$ 趋近于 −1 时，表明指标值存在负空间自相关性，空间地理现象呈现相异的集聚态势；当 I 逼近于 0 时，表明指标值不存在空间自相关性。本书利用 GeoDa 软件计算了 2000—2014 年中国苹果主产区全要素生产率的全域 Moran's I 指数及其显著性，结果如表 3−5 所示。

表 3−5　2000—2014 年苹果主产省环境全要素生产率的
全域 Moran's I 指数检验结果

年份	Moran's I	标准差	Z 值	P 值
2000	−0.191	0.167	−0.251	0.483
2001	0.146	0.106	3.198	0.008
2002	0.001	0.102	1.691	0.081
2003	−0.242	0.109	−0.715	0.244
2004	−0.233	0.096	−0.687	0.281
2005	−0.197	0.1120	−0.224	0.477
2006	−0.103	0.098	0.707	0.205
2007	0.092	0.104	2.503	0.025
2008	0.091	0.105	2.512	0.031
2009	−0.204	0.108	−0.342	0.436
2010	−0.326	0.118	−1.423	0.034
2011	−0.350	0.111	−1.674	0.010
2012	−0.132	0.100	0.1334	0.302
2013	−0.131	0.095	0.420	0.283
2014	−0.163	0.113	0.002	0.411

从整体来看，考虑环境因素的苹果全要素生产率的全域 Moran's I 指数呈现出分段变化的态势，2000—2008 年出现了两次正负交替的现象，且 Moran's I 指数为正时均通过了 10％的显著性检验，一定程度反映了这一期间苹果主产区产业布局曾出现过相似的集聚态势，随后又发生过显著的变化。而 2009—2014 年的 Moran's I 指数主要呈现出一定的负空间自相关性，除 2010 年和 2011 年外均未通过 10％的显著性检验，说明这一

期间苹果环境全要素生产率空间集聚关系可能存在着交叉分布，且存在的空间依赖性具有动态性或仅部分地区存在空间相关性。由于全域 Moran's I 指数无法刻画环境全要素生产率空间集聚的具体区域和变化特征，因此，需要对苹果环境全要素生产率的局域空间自相关性进行进一步检验。

（2）基于动态视角的局域空间自相关分析

基于全域 Moran's I 指数的变化趋势，考察局域空间自相关时，依然以 2009 年为界通过等距的方法选取 2004 年、2009 年、2014 年以及 2000—2014 年环境全要素生产率 Moran 散点图，来考察中国苹果主产区环境全要素生产率近 10 年发生的变化，揭示考虑环境约束的省域间苹果全要素生产率的局域空间关联类型（见表 3-6、图 3-1）。首先分别找出高-高集聚区（H-H 型）、低-高集聚区（L-H 型）、高-低集聚区（H-L 型）、低-低集聚区（L-L 型）。从近 10 年动态演变上看，7 个主产省的环境全要素生产率的局域空间发生了明显的变化。其中，陕西从 2004 年的 L-L 型逐步上升为 2014 年的 H-L 型，山西、河南从 2004 年的 L-L 型变为 2014 年的 L-H 型，甘肃从 2004 年的 H-L 型上升为 2014 年的 H-H 型，河北和山东经历了 2004—2014 年的变迁依然分别维持着 L-L 型和 H-L 型，辽宁则从 2004 年的 H-L 型逐步下降为 2014 年的 L-L 型。2014 年位于 Moran 散点图中第 1 象限的省份有甘肃，其表现为高生产率的区域被高生产率的区域所包围（H-H 型）；位于第 2 象限的省份有山西、河南，其表现为低生产率的区域被高生产率的区域所包围（L-H 型）；位于第 3 象限的省份有河北、辽宁，其表现为低生产率的区域被低生产率的区域所包围（L-H 型）；位于第 4 象限的省份有陕西、山东，其表现为高生产率的区域被低生产率的区域包围（H-L 型）。这说明 2014 年以来两大苹果优生区呈现出以甘肃为代表的高生产率区域被高生产率区域包围的空间分布和以河北、辽宁两省为代表的低生产率区域被高生产率区域包围的空间分布特征。而且伴随着各省的产业结构调整和时间的推移，两大苹果优生区 7 个主产省的环境全要素生产率的空间相关关系也发生了显著变化。这也进一步印证了近年来以甘肃、陕西为代表的西部黄土高原主产区"两型农业"发展程度获得了明显的提升，而以河北、辽宁为代表的渤海湾产区"两型农业"的发展进程缓慢甚至呈现出一定的下降的态势。

表 3 - 6　2000—2014 年中国苹果主产省环境全要素生产率均值的空间关联类型

年份	第一象限 （H - H）	第二象限 （L - H）	第三象限 （L - L）	第四象限 （H - L）
2004			陕西、山西、河北、河南	山东、辽宁、甘肃
2009		甘肃、山西、 河北、河南		陕西、山东、辽宁
2014	甘肃	山西、河南	河北、辽宁	山东、陕西
2000—2014	甘肃		河北、河南、辽宁、山西	山东、陕西

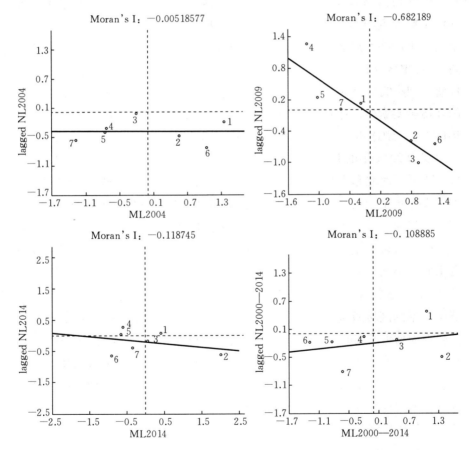

图 3 - 1　2004 年、2009 年、2014 年、2000—2014 年的中国苹果主产省环境
　　　　全要素生产率均值的 Moran 散点图
　　　　1. 甘肃　2. 山东　3. 陕西　4. 河南　5. 山西　6. 辽宁　7. 河北

3.5 结论与政策建议

传统农业生产率的分析方法很少考虑环境因素对农业经济增长的影响，分析结果往往存在片面性，容易导致对经济发展形势的误判。鉴于此，本书将面源污染因素纳入苹果经济效率的分析框架，通过测算2000—2014年中国苹果优生区7个主产省份的环境约束和非环境约束下的苹果经济效率和全要素生产率指数，考察了环境约束对苹果经济效率及其变动产生的内在影响，并利用Moran's I指数分析苹果环境全要素生产率的空间关联性。研究结论如下：①考虑环境因素的苹果经济效率值明显低于未考虑环境因素的指标值。这表明两大苹果主产区农业面源污染已经造成了一定的经济效率损失，面源污染问题对苹果全要素生产率产生了明显的负面影响，产业发展的确呈现出了一种粗放型的经济增长。②近年来中国苹果主产区的苹果环境全要素生产率发展呈现出空间负相关性，河北、辽宁的苹果产业发展与环境不够协调，而山东、陕西、甘肃的产业发展与环境之间较为协调。

通过本书实证分析能够得到如下启示：①从整体上看，近年来中国苹果产业发展已经呈现出以破坏农业生态环境为代价的粗放型经济增长。虽然2010年以后两大苹果主产区的"两型农业"的整体发展水平有所提高，但地区间仍呈现出明显的差异。因此，各地区只有切实做好经济增长与资源环境约束目标的有效统一，才能真正促进"两型农业"的全面快速发展。②从区域经济发展方面看，两大苹果优生区省域间苹果环境全要素生产率发展极不平衡。以甘肃、陕西为代表的黄土高原区的主产省近年来通过不断加强标准示范园的建设和推广工作，苹果生产的科技管理水平得到了明显提高，在节水灌溉，提高化肥、农药利用率等方面取得了长足进步，农业面源污染问题得到了有效控制，从而促进了苹果产业与环境的协调发展；以河北、辽宁为代表的渤海湾区可能受果园规模、果树品种老化及果园整体管理水平下降的影响，一定程度上制约了近年来"两型农业"的快速发展；而同样地处黄土高原区的河南、山西的"两型农业"发展缓慢可能更多的是受到了当地空间地理环境因素的制约及科技推广进程缓慢的影响。因此，评价各地区农业环境全要素生产率要充分考虑地区间的内在差异，尤其是针对当地的地理环境因素和生态环境的变化状况，实行差别化的资源环境约束和管理政策。③从苹果产业长远发展看，为有效控制产业发展带来的面源污染，还需因地制宜不断加大环境友好型技术的研发和推广力度。尤其应加强黄土高原区和环渤海区两大苹果优生区的跨区域的经济技术交流和合作，不断增强环境全要素生产率高-高集聚区域对周边地区的辐射带动作用，通过加强农业科技培训、创建标准示范园等方式提高广大果农绿色发展理念，借助测土配方施肥等现代农业技术最大限度地控制面源污染，提高农业投入品的利用效率。

4 果农对过量施肥的认知与测土配方施肥技术采纳行为研究

4.1 果农对过量施肥的认知影响因素分析

伴随着农业产业结构的调整和土地经营权流转的推进，农户将更多的承包地用于种植产量高、收益大的高价值农产品。为了充分利用有限的土地资源、节省日益增长的人工成本，加大化肥、农药等生产要素投入几乎成为农业生产中的一种必然选择，从而导致化肥、农药等化学投入品在农业生产中经常被过量使用，致使地表水和地下水受到污染，农业生态环境日益恶化，农产品质量安全受到了严重威胁。正如美国生物学家蕾切尔·卡逊在《寂静的春天》中所言："农业面源污染与辐射一样正悄悄侵入人体。"2017年中央1号文件明确强调"要推行绿色生产方式，推进化肥农药零增长行动，深入实施土壤污染防治行动计划"。目前，农业已超越工业成为最大的面源污染产业（全国土壤污染调查公报，2014）。化肥是农业面源污染的主要污染源，中国农户过量施用化肥现象普遍，施肥增产效应的持续下降使化肥有效利用率很低（Huang et al.，2008），而判断农户是否过量施肥是衡量化肥是否得到有效利用和是否造成面源污染的关键。针对农户过量施肥问题，学术界展开了较系统的研究，并取得了丰硕的成果。目前，中国化肥的实际施用量已经超过了经济意义上的最优施用量，但是，学术界对农户过量施肥的程度及原因尚存较多争论（Paudel et al，2000；Lamb，2003；Abdoulaye and Sanders，2005）。从农户过量施肥的影响因素看，研究者在分析农作物种植结构的变化与投入产出之间关系的过程中发现，种植结构从以大田作物为主转向以经济作物为主提高了单位面积土地上的化肥需求量（Zhu and Chen，2002；彭海英等，2008；张卫峰等，2008；Xin et al.，2012）；农户在科学施肥方面知识的匮乏以及农村劳动力非农就业比例的上升容易导致过量施肥，例如，在水稻、小麦和玉米种植过程中，由于缺乏科学施肥方面的知识，农户倾向于在富庶的土地上追加施肥，在贫瘠的土地上减少施肥（张福锁等，2008）；土地质量对玉米种植户的化肥过量施用量具有显著的负向影响（仇焕广等，2014）；农户的耕作习惯和农资供应商的建议在很大程度上影响着农户的亩均施肥量（高春雨等，2011），农户承包地面积对单位耕地化肥投入有显著的负向影响（李海鹏，张俊飚，2009）。此外，户主性别、年龄、受教育程度、技术培训参与状况、兼业经营状况等因素亦会对部分粮食作物的化肥施用量产生影响（巩前文等，2010；仇焕广等，2014）。从面源污染治理的角度看，治理面源污染的关键在于源头治理，而其中迫切需要解决的就是科学施肥问题。测土配方施肥技术是降低农业面源污染的一种有效途径（葛继红等，2010）。实践表明，测土配方施肥在农业生产中具有显著的增收效应（张玉成，2010；肖新成，谢德体，2016；陈浩，毕永魁，2013；仇焕广等，2014），是一项精准的施肥技术，能大幅提高化肥的利用效率（洪传春等，2015）。一些研究对影响农户选择测土配方施肥的主要因素进行了分析，测土配方肥料的价格、是否参加了相关技术培训和指导以及户主的受教育程度等是主要影响因素（韩洪云，杨增旭，2011；高辉灵等，2011；褚彩虹等，2012）。

综合而言，影响农户过量施肥及是否采纳测土配方施肥技术的因素较多，且部分因素对两者的影响存在明显的交互关系，不能一概而论，而且，针对大田作物和经济作物也应当区别对待。不过，现有相关研究大多以玉米、小麦、水稻等大田作物为分析对象，对水果、蔬菜等经济作物过量施肥问题及农户测土配方施肥技术采纳行为及其影响因素展开分析的文献还较少见。为此，本书以苹果产业为例，运用山东省9个苹果主产县（市、区）的实地调查数据，对果农是否过量施肥进行测算并建立双变量Probit模型分析果农对过量施肥的认知及其测土配方施肥技术采纳行为的影响因素，以期为推动苹果产业朝着资源节约型和环境友好型方向发展提供借鉴。

4.1.1　概念界定、研究假说

4.1.1.1　概念界定

按照成本-收益理论，作为理性的经济人，果农从事农业生产以利润最大化为目标，不断寻求土地、劳动、资本等生产要素的优化组合以获取最大收益。而化肥的过量投入会导致土壤酸化、土地板结、果实品质下降，不仅会造成投入成本上升、种植收入下降，而且还会导致农业面源污染，对自然生态环境造成极大破坏。测土配方施肥正是国家针对农业面源污染、生态环境恶化等问题于 2005 年启动的一项农业科技入户工程，目的是降低化肥投入量，提高化肥利用率。

目前，对于过量施肥如何界定，学术界尚未达成共识。在本书中，过量施肥是指农户在农业生产中化肥的实际施用量超过生产所需的最优施用量。而农户对过量施肥的认知是指在农业生产过程中化肥的实际施用量超过生产所需的最优施用量时，农户是否有一定程度的认知。问卷中，"对过量施肥的认知"变量的测量问题是"您对种植过程中的过量施肥情况是否有认知"，而"测土配方施肥技术采纳行为"变量的测量问题是"您家是否进行了测土配方施肥"，答案选项包括"是""否"两项，若进行了测土配方施肥，则意味着采纳了测土配方施肥技术。

4.1.1.2　研究假说

按照计划行为理论，果农的经济社会文化特征因素会通过影响其信念而间接影响其行为态度、主观规范和知觉行为控制，并最终影响其行为。结合农户过量施肥影响因素的有关研究（巩前文等，2010；仇焕广等，2014），本书从受访者基本特征、生产经营特征、认知特征和果园的环境特征四方面提出果农对过量施肥的认知及测土配方施肥技术采纳因素的假说。

参考巩前文等（2010）的研究结果，对于受访者特征，本书主要考虑年龄、性别及文化程度 3 个变量。一般而言，受访者文化程度越高，对过量施肥的认知能力越强（肖新成，谢德体，2016），接受新知识和新技术的能力也越强，因而，也更容易理解过量施肥造成的危害而愿意采纳测土配方施肥技术。随着年龄的增长，农民的思想会趋于保守，可能对过量施肥更缺乏认知，也更不愿意采纳测土配方施肥技术。与女性相比，男性农民外出打工的比例更高，与外界的接触面更广，更可能对过量施肥有一定程度的认知，更容易采纳测土配方施肥技术。基于上述分析，本书提出如下假说：

假说 1：果农的年龄负向影响其对过量施肥的认知及其测土配方施肥技术采纳行为，文化程度有正向影响，男性果农更可能对过量施肥有一定程度的认知并更倾向于采纳测土配方施肥技术。

参考葛继红等（2010），韩洪云、杨增旭（2011）的研究结果，对于农户的生产经营特征，本书主要引入种植年限、种植方式、种植规模、专业化程度、是否曾外出打工 5 个变量。通常认为，种植年限越长、种植规模越大、专业化程度越高、拥有外出打工经历的农民，越可能对过量施肥有一定程度的认知（肖新成，谢德体，2016）；并且，具备上述特征的农户，采纳测土配方施肥技术的能力也会越强（张成玉，2010）。而种植方式为标准示范园的果农，由于集约化程度和专业化程度更高，更希望通过测土配方施肥技术来降低生产经营成本、降低经营风险（韩洪云，杨增旭，2011）。因此，创建标准示范园，有助于果农改善对过量施肥的认知及测土配方施肥技术采纳行为。基于上述分析，本书提出如下假说：

假说 2：种植年限、种植方式、种植规模、专业化程度、是否曾外出打工正向影响果农对过量施肥的认知及其测土配方施肥技术采纳行为。

认知特征指果农对过量施肥及测土配方施肥技术的了解和掌握情况。多数农户认为，施肥量越多，产量会越高，却忽视了过量施肥的不良影响（仇焕广等，2014）。本研究中选择以下 3 个变量来反映果农的认知特征：果农对过量施肥危害的认知程度、对土壤环境保护相关政策的了解程度以及参与种植技术培训情况。按照认知行为理论，认知对行为起着中介与协调作用，认知可以通过正确解读外界环境事件的意义来影响和修正行为。因此，对过量施肥危害的认知程度更高、对土壤环境保护相关政策更了解、参与过种植技术培训的果农，对过量施肥的认知能力会更强，更能理解过量施肥对环境造成的危害，因而也更倾向于采纳测土配方施肥技术。基于此，本书提出如下假说：

假说 3：果农对过量施肥危害的认知程度、对土壤环境保护相关政策的了解程度及参与种植技术培训情况正向影响果农对过量施肥的认知及其测土配方施肥技术采纳行为。

参考仇焕广等（2014）的研究结果，果园的环境特征主要包括果园土壤肥沃程度、果园的地块分散程度以及果园离家远近程度 3 个因素。其中，果园土壤肥沃程度对果农的化肥过量施用量具有显著的负向影响，地块分散程度以及果园离家远近程度对果农过量施肥的影响不显著（仇焕广等，2014）。而张福锁等（2008）的研究结果表明，农户倾向于在肥沃的土地上追加施肥。因此，果园土壤肥沃程度、果园的地块分散程度以及果园离家远近程度对农户的过量施肥认知的影响不确定。通常，果园土壤越肥沃，苹果产出会越好，基于成本与收益考虑，果农越倾向于减少施肥，也越倾向于不采纳测土配方施肥等技术。果园的地块越分散、果园离家相对越远，苹果生产中的人工投入及运输成本就会相对越高，果农越倾向于不采纳测土配方施肥技术。基于此，本书提出如下假说：

假说 4：果园土壤肥沃程度、果园的地块分散程度、果园离家远近程度对果农的测土配方施肥技术采纳行为有负向影响，而对果农的过量施肥认知的影响方向不确定。

4.1.2　实证模型构建

（1）化肥施用效率及过量施肥测算模型的构建

投入品使用效率的研究方法主要有参数估计法（随机前沿生产函数）和非参数估计法（数据包络分析），鉴于两种方法的估计结果并无明显差异，而前一种方法对样本量有更高要求，因此，本研究采用数据包络分析法，运用投入导向的径向超效率模型对果农的过量施肥程度进行定量估计：

$\min\theta$

$$\text{s. t.} \sum_{\substack{j=1 \\ j \neq k}}^{n} \lambda_j x_{hj} \leqslant \theta x_{hk} ; \sum_{\substack{j=1 \\ j \neq k}}^{n} \lambda_j y_{rj} \geqslant y_{rk} \qquad (4-1)$$

$h=1, 2, \cdots, m; \quad r=1, 2, \cdots, q; \quad j=1, 2, \cdots, n \ (j \neq k)$

式（4-1）中，最优解 θ 代表技术效率值，反映的是在给定各种投入要素的条件下能实现的最大产出能力，其取值由规划式决定；λ 为决策单元 DMU 的线性组合系数；x_{hj}、y_{rj} 分别表示投入向量、产出向量；h 代表投入向量的种类，r 代表产出向量的种类，j 代表需要测量的决策单元个数，k 代表投入、产出向量中的某一项。其中，产出变量为 2012—2014 年苹果的亩均产量，投入变量受决策单元数量的限制，仅考虑了 2 个投入变量，分别为单位面积土地上化肥折纯施用量和人工投入量。其中，人工投入量依据 2013—2015 年《全国农产品成本收益资料汇编》中山东省苹果种植每亩人工投入数据通过等比换算得到。投入向量 x_{hj} 的改进值代表化肥折纯过量施用量，用负数表示；实际调查的果农化肥折纯施用量为原始值，则最优施肥的目标值＝原始值＋改进值。

（2）果农对过量施肥的认知及测土配方施肥技术采纳行为影响因素的双变量 Probit 模型的构建

果农对过量施肥是否有一定程度的认知以及是否采纳测土配方施肥技术行为是两个二项选择问题。同时，按照认知行为理论，认知对行为起着中介与协调作用，认知能力的增强有助于改善和修正行为（唐孝威，2007），因而，提高果农对过量施肥的认知，能改善果农的测土配方施肥技术采纳行为。因此，本书尝试选用双变量 Probit 模型来分析相关影响因素。

果农对过量施肥是否有一定程度的认知和是否采纳测土配方施肥技术的有关选项进行两两组合后，可能产生 4 种结果，即"有一定程度的认知，采纳了测土配方施肥技术""有一定程度的认知，未采纳测土配方施肥技术""缺乏认知，采纳了测土配方施肥技术"和"缺乏认知，未采纳测土配方施肥技术"。如果分别用虚拟变量 D_i 和 S_i 来表示果农 i 的以上两种行为，且设 $D_i=1$ 表示"有一定程度的认知"，$D_i＝0$ 表示"缺乏认知"，$S_i＝1$ 表示"采纳了测土配方施肥技术"，$S_i＝0$ 表示"未采纳测土配方施肥技术"，那么，以上可观察变量 D_i 和 S_i 两两配对的可能结果可简单表示为 (1, 1)、(1, 0)、(0, 1) 和 (0, 0)。同时，认知和行为的形成都要经历一个渐进的变化过程，用 D_i^* 和 S_i^* 两个不可观测的潜变量分别表示果农对过量施肥的认知程度变化和测土配方施肥技术采纳行为的变化，其表达式如下：

$$D_i^* = \alpha X_i + \varepsilon_i, \quad S_i^* = \beta Z_i + \mu_i \qquad (4-2)$$

式（4-2）中，X_i 和 Z_i 分别表示上述假说中言及的影响果农对过量施肥认知程度和测土配方施肥技术采纳行为的自变量向量，α 和 β 是待估参数向量，假设误差项 ε_i 和 μ_i 服从联合正态分布，即：

$$\begin{bmatrix} \varepsilon_i \\ \mu_i \end{bmatrix} \sim N \left\{ \begin{bmatrix} 0 \\ 0 \end{bmatrix}, \begin{bmatrix} 1 & \rho \\ \rho & 1 \end{bmatrix} \right\} \qquad (4-3)$$

式（4-3）中，ρ 是 ε_i 和 μ_i 的相关系数。若 $D_i^* > 0$，表示果农对过量施肥的认知为正，即有一定程度的认知；同理，若 $S_i^* > 0$，表示果农在一定程度上采纳了测土配方施肥技术。那么，D_i^* 和 S_i^* 与 D_i 和 S_i 的关系可由以下方程决定：

$$D_i = \begin{cases} 1, & \text{若 } D_i^* > 0 \\ 0, & \text{其他} \end{cases} \qquad S_i = \begin{cases} 1, & \text{若 } S_i^* > 0 \\ 0, & \text{其他} \end{cases} \qquad (4-4)$$

式（4-4）中两个方程的唯一联系是扰动项 ε_i 和 μ_i 的相关性，若 $\rho = 0$，则方程（4-4）等价于两个单独的 Probit 模型。若 $\rho \neq 0$，则 D_i^* 和 S_i^* 之间存在相关性，可利用双变量 Probit 模型对 D_i 和 S_i 的取值概率进行最大似然估计。若 $\rho > 0$，D_i 和 S_i 之间存在互补效应；若 $\rho < 0$，D_i 和 S_i 之间存在替代效应。具体计算过程如下：

$$\begin{aligned} \rho_{11} &= P(D_i = 1, \ S_i = 1) = P(D_i^* > 0, \ S_i^* > 0) \\ &= P(\varepsilon_i > -\alpha X_i, \ \mu_i > -\beta_i Z_i) \\ &= P(\varepsilon_i < \alpha X_i, \ \mu_i < \beta_i Z_i) \qquad (4-5) \\ &= \int_{-\infty}^{\alpha X_i} \int_{-\infty}^{\beta_i Z_i} \phi(z_1, z_2, \rho) dz_1 dz_2 \\ &= \Phi(\alpha X_i, \ \beta_i Z_i, \ \rho) \end{aligned}$$

同理，可以计算得到 ρ_{10}。然后将 ρ_{11}、ρ_{10} 进行联合估计，其对数似然函数为：

$$\begin{aligned} \ln L \sum_{i=1}^{N} &\{ D_i S_i \ln \Phi_2(\alpha X_i; \beta Z_i; \rho) + D_i(1-S_i) \ln[\Phi(\alpha X_i) - \Phi_2(\alpha X_i; \beta Z_i; \rho)] + \\ &(1-D_i) \ln \Phi(-\alpha X_i) \} \qquad (4-6) \end{aligned}$$

式（4-5）和（4-6）式中，$\phi(z_1, z_2, \rho)$ 为标准化二维正态分布的概率密度函数；$L \cdot$ 为似然函数，$\Phi(\cdot)$ 为累积标准正态分布函数，

Φ_2（·）为二元累积正态分布函数，函数的期望值为 0，方差为 1，ρ 为相关系数。

最后，通过检验原假设"H_0：$\rho=0$"来判断是对两个单独的 Probit 模型分别进行估计，还是应该使用双变量 Probit 模型。如果检验结果拒绝原假设，则有必要使用双变量 Probit 模型。

4.1.3　数据来源和样本情况

（1）数据来源

本研究所用数据来源于山东农业大学国家苹果工程中心调研团队于 2015 年暑假期间对山东苹果主产区果农展开的问卷调查。山东省是中国苹果生产大省，苹果亩均生产成本也最高。调查分为两个阶段：第一阶段，课题组首先选取沂源县的悦庄镇、南麻镇、东里镇、土门镇、西里镇为预调查乡镇，再从每个乡镇随机抽取 6 户苹果种植户开展预调查，并修改完善问卷。第二阶段，筛选调查区域集中开展调查。从 2014 年山东省苹果生产量的地区分布情况看，烟台市是山东苹果的重要主产区，2014 年的苹果产量为 422 万吨，占山东省当年苹果总产量的 45.4%；而淄博市、临沂市也是山东苹果的主产区，2014 年的苹果产量均为 55 万吨以上。考虑到自然环境的差异，且不同地块和不同地区土壤的肥沃程度会存在明显差异，为便于分析，课题组倾向于选择苹果种植集中且相邻的区域为调查区域，范围涵盖地处山东省东部烟台市的蓬莱市、莱阳市、栖霞市、海阳市、龙口市、招远市、牟平区以及地处山东省中部的淄博市沂源县、临沂市蒙阴县这 9 大苹果产区。调查采用分层随机抽样方法，先从每个样本县（市、区）选取 4 个样本乡镇，再从每个样本乡镇选取 4 个样本村，最后从每个样本村随机抽取 2 户苹果种植户为样本农户，进而选择户主或主要从事苹果种植的家庭成员（户主外出的情况下）为受访者。调查共计发放问卷 300 份，调查人员与受访者面谈，现场填写调查问卷。对回收问卷进行认真审核后，最终得到有效问卷 279 份，问卷有效率为 93%。有效样本的地区分布情况见表 4-1。

表 4 - 1　有效样本的地区分布情况

样本市	样本县 （市、区）	有效样本 量（户）	比例 （％）	样本市	样本县 （市、区）	有效样本 量（户）	比例 （％）
烟台市	蓬莱市	31	11.11	烟台市	招远市	28	10.04
烟台市	莱阳市	28	10.04	烟台市	牟平区	29	10.39
烟台市	栖霞市	34	12.19	淄博市	沂源县	38	13.62
烟台市	海阳市	33	11.83	临沂市	蒙阴县	27	9.68
烟台市	龙口市	31	11.11	—	合计	279	100

（2）样本基本特征

由表 4 - 2 可以看出，受访者以女性为主，近六成受访者的年龄为 50 岁以上，文化程度普遍不高，近五成受访者的文化程度为小学及以下，文化程度为高中及以上的果农几乎没有；样本农户的苹果种植规模较小，约八成果农的种植规模为 5～7 亩；六成以上样本果农的苹果生产收入占家庭总收入的比例超过了 80％，样本果农的专业化程度普遍较高且种植方式以普通果园为主。总体上看，样本果农具有一定程度的代表性。

表 4 - 2　受访者和样本果农的基本特征描述

类型	选项	频数（人）	百分比（％）
性别	男	102	36.6
	女	177	63.4
年龄	35 岁以下	11	3.9
	35～50 岁	103	36.9
	50 岁以上	165	59.1
文化程度	小学及以下	137	49.1
	初中	142	50.9
	高中、中专或技校	0	0
	大专及以上	0	0
苹果生产收入 占家庭总收入 的比例	60％及以下	33	11.8
	60％～80％	66	22.6
	80％及以上	183	65.6

（续）

类型	选项	频数（人）	百分比（%）
种植规模	2 亩及以下	11	3.9
	2~4 亩	43	15.4
	5~7 亩	225	80.7
	8 亩及以上	0	0
种植方式	普通果园	224	80.3
	标准示范园	55	19.7

4.1.4　模型估计结果与分析

本书利用 MaxEDA 软件，运用投入导向的径向超效率模型，对 9 个样本县（市、区）的果农化肥投入与产出效率进行了测算（表 4 - 3）。

表 4 - 3　2012—2014 年样本果农的平均化肥投入及产出效率情况

有关指标	蓬莱市	莱阳市	栖霞市	海阳市	龙口市	招远市	牟平区	沂源县	蒙阴县	总样本
平均经营面积（亩）	4.13	3.55	3.43	2.73	3.2	3.68	3.53	4.14	5.07	3.72
平均亩产（千克/亩）	4 950	4 040	3 020	2 925	3 400	3 750	3 845	2 990	2 750	3 519
有机肥施用量（千克/亩）	728.5	705.8	472.5	453.5	672.5	701.5	605	420.4	402.5	573.6
化肥实际施用量（千克/亩）	136.3	151.6	129.4	104.3	127.2	179.1	83.0	126.1	120.0	128.6
化肥施用量目标值（千克/亩）	106.8	129.8	107.7	63.1	121.2	133.7	105.9	106.6	98.1	108.1
化肥施用量改进值（千克/亩）	−29.5	−21.8	−21.7	−41.2	−6.0	−45.4	0	−19.5	−21.9	−20.5
化肥施用量平均改进幅度（%）	−21.6	−14.4	−16.8	−39.5	−4.7	−25.3	0.00	−15.4	−18.3	−15.9
技术效率值	0.906	0.740	0.729	0.802	0.783	0.708	1.276	0.735	0.721	0.822

从总体上看，9 个样本县（市、区）样本果农 2012—2014 年的化肥实际施用量平均为 128.6 千克/亩，而通过投入导向的径向超效率模型计

算得出的化肥施用量目标值平均为 108.1 千克/亩，这说明，调查地区苹果种植中的平均过量施肥量达 20.5 千克/亩。从调查地区化肥施用量的改进值来看，9 个样本县（市、区）中，8 个样本县（市、区）的样本果农在苹果种植中存在明显的过量施肥问题，其中，海阳、招远、蓬莱、栖霞、莱阳 5 个县级市以及蒙阴县和沂源县样本果农在苹果种植中的过量施肥情况均较为严重，化肥施用量平均每亩有待降低的幅度都在 14% 以上，而化肥施用量表现较好的两个地区为龙口市和牟平区。分析结果显示，虽然调查地区相邻，但果农的实际施肥量与通过投入导向的径向超效率模型计算得出的化肥施用量目标值之间却存在着较大差异，调查地区存在较为普遍的果农过量施肥问题。从投入产出效率的视角看，苹果种植技术效率值较高的地区是烟台市的牟平区和蓬莱市，其他地区的这一效率值均小于 0.9，说明多数调查地区在苹果种植中都存在投入产出比例失衡问题。

从施肥品种的选择看，果农在苹果种植中侧重于施用复合肥、有机肥（包括商品有机肥和农家肥）并搭配少量的氮肥（尿素）。施用复合肥的果农占样本总量的 85.2%，施用有机肥的果农占 78.4%，施用尿素的果农占 38.3%，既施用有机肥又施用复合肥的果农占 68.6%，由此可见，山东苹果主产区苹果种植中主要施用的肥料为有机肥和复合肥。而苹果平均产量较高的地区主要是有机肥施用量较多的地区，例如，蓬莱市和莱阳市样本果农 2012—2014 年的苹果平均产量为 4 000 千克/亩以上，平均有机肥施用量均为 700 千克/亩以上；而苹果平均产量相对较低的地区也是有机肥施用量偏少的地区，例如，沂源县和蒙阴县样本果农 2012—2014 年的苹果平均产量低于 3 000 千克/亩，平均有机肥施用量均不足 450 千克/亩。这也从一定程度上印证了化肥施用过多、有机肥施用过少会对苹果产量造成一定程度的负面影响。

调查结果显示，目前采纳测土配方施肥技术的果农还相对较少，仅占 21.7%；对过量施肥有一定程度认知的果农占 35.1%，其中，有 56.1% 的果农采纳了测土配方施肥技术；对过量施肥缺乏认知的果农占 64.9%，其中，仅 3.3% 的果农采纳了测土配方施肥技术。这表明，一方面，大多数果农对过量施肥缺乏认知，测土配方施肥技术的应用并不广泛；另一方面，果农对过量度施肥的认知与其测土配方施肥技术采纳行为之间存在着相关性，相关分析结果显示，两者间的相关系数高达 0.86。

综合来看，作为山东省重要的农业支柱性产业，苹果种植中仍存在较为严重的过量施肥问题。要想有效解决这一问题，有必要具体分析影响果农对过量施肥的认知及其测土配方施肥技术采纳行为的因素，以便采取针对性措施。

4.2 果农对过量施肥的认知及测土配方施肥技术采纳行为的影响因素的实证分析

4.2.1 变量的描述性统计分析

对被解释变量和有关解释变量的含义及描述性统计分析结果见表 4 - 4。

表 4 - 4 变量含义与描述性统计分析结果

变量名称	含义及变量赋值	平均值	标准差
对过量施肥的认知	缺乏认知＝0；有一定程度的认知＝1	0.351	0.478
测土配方施肥技术采纳行为	没有采纳＝0；采纳了＝1	0.423	0.495
受访者基本特征			
性别	女＝0；男＝1	0.366	0.482
年龄	受访者 2015 年的年龄（周岁）	51.025	9.483
文化程度	受访者的受教育年限（年）	7.642	5.223
生产经营特征			
种植规模	2012—2014 年的苹果种植面积的平均值	4.128	31.484
种植年限	实际已种植苹果的年限	27.625	2.067
种植方式	普通果园＝0；标准示范园＝1	0.197	0.399
专业化程度	2015 年苹果生产收入占家庭总收入的比例（%）	79.194	21.731

（续）

变量名称	含义及变量赋值	平均值	标准差
是否曾外出打工	"您曾经或近期是否外出务工？"否=0；是=1	0.606	0.490
受访者的认知特征			
对过量施肥危害的认知	"您是否了解过量施肥的危害？"不知道=1；听说过=2；有所了解=3；非常了解=4	2.799	1.016
对土壤环境保护政策的认知	"您是否了解土壤环境保护相关政策？"不知道=1；听说过=2；有所了解=3；非常了解=4	1.620	0.486
影响过量施肥认知的种植技术培训情况	"您曾经或近期参与过种植技术相关培训的频次如何？"没有参与=1；很少参与=2；经常参与=3	1.760	0.468
果园的环境特征			
果园土壤肥沃程度	"果园地块的肥沃程度如何？"差=1；一般=2；较好=3；很好=4	2.473	0.677
果园的地块分散程度	"果园地块的分散程度如何？"集中=1；较集中=2；分散=3	2.197	0.399
果园离家远近程度	"果园距离家的远近状况如何？"近=1；较近=2；较远=3	2.466	0.666

4.2.2　模型估计结果及分析

运用 Stata 13.0 软件，对模型进行拟合，得到估计结果如表 4-5 所示。结果显示，对数似然值为 -176.134，卡方值为 173.266，p 值为 0.000，模型在 1% 的统计水平上通过显著性检验。ρ 为 0.998，在 1% 的统计水平上显著，这说明，果农对过量施肥的认知与测土配方施肥技术采纳行为之间存在一定的互补效应，即果农对过量施肥的认知对其测土配方施肥技术采纳行为具有积极影响，原假设"H_0：$\rho=0$"不成立，说明可以采用双变量 Probit 模型进行参数估计。调查结果显示，采纳测土配方施肥技术的果农绝大多数是对过量施肥具有一定程度认知的果农；而在对过量施肥缺乏认知的果农中，仅有 3.3% 的果农采纳了测土配方施肥技术，所占比例很低。

表 4-5　果农对过量施肥的认知及测土配方施肥技术采纳行为影响因素的双变量 Probit 模型估计结果

解释变量	对过量施肥的认知		测土配方施肥技术采纳行为		边际效应	
	系数	标准误	系数	标准误	系数	标准误
受访者基本特征						
性别	−0.112	0.193	−0.323*	0.195	−0.035	0.060
年龄	0.071	0.280	−0.087	0.282	0.022	0.088
文化程度	−0.647**	0.262	−0.556**	0.261	−0.203**	0.083
生产经营特征						
苹果种植规模	0.059	0.198	0.053	0.211	0.018	0.062
种植年限	0.139	0.103	0.215**	0.106	0.044	0.032
种植方式	0.232	0.230	0.536**	0.229	0.073	0.072
专业化程度	0.030***	0.010	0.220**	0.110	0.110***	0.003
是否曾外出打工	0.829***	0.227	1.103***	0.232	0.261***	0.070
受访者的认知特征						
对过量施肥危害的认知	0.264**	0.094	0.189**	0.092	0.064**	0.030
对土壤环境保护政策的认知	0.238	0.198	0.232	0.201	0.075	0.062
影响认知的种植技术培训	1.433***	0.339	1.351***	0.337	0.451***	0.092
果园的环境特征						
果园土壤肥沃程度	0.280**	0.140	0.369**	0.145	0.088**	0.044
果园的地块分散程度	−0.257	0.221	−0.372*	0.222	−0.081	0.069
果园离家远近程度	−0.031	0.139	−0.042	0.140	−0.096	0.044
常数项	−7.573***	1.578	−6.260**	1.546	—	—

注：*、**、*** 分别表示在 10%、5% 和 1% 的统计水平上通过了显著性检验。

（1）受访者基本特征的影响

文化程度显著影响果农对过量施肥的认知及其测土配方施肥技术采纳行为，且系数为负，与预期相反，这可能与受访果农的文化程度普遍较低有关。统计分析结果显示，小学及以下文化程度的果农占 49.1%，没有高中及以上文化程度的受访者。文化程度变量的边际效应为 −0.203 且在 5% 的统计水平上通过了显著性检验，这说明，受教育年限每增加 1 年，果农对过量施肥有一定程度认知并采纳测土配方施肥技术的概率将降低

20.3%。调查结果显示，在文化程度为小学及以下的果农中，对过量施肥有一定程度认知的果农占37.6%，采纳测土配方施肥技术的果农占44.3%；而在文化程度为初中的果农中，对过量施肥有一定程度认知的果农所占比例下降至21.4%，采纳测土配方施肥技术的果农所占比例下降至30.9%。

性别和年龄对果农的过量施肥认知的影响不显著，年龄对果农测土配方施肥技术采纳行为的影响也不显著，但性别显著影响果农的测土配方施肥技术采纳行为，且系数为负，与预期不符，可能的原因是女性受访者所占比例较高，占了样本量的63.4%。

（2）生产经营特征的影响

从生产经营特征的影响看，专业化程度、是否曾外出打工显著影响果农对过量施肥的认知，且系数为正，与预期相符，这说明，专业化程度越高，果农越可能对过量施肥有一定程度的认知；相比于没有外出打工经历的果农，有外出打工经历的果农对过量施肥有一定程度认知的可能性更大。种植规模、种植年限、种植方式对果农的过量施肥认知的影响不显著。其原因可能是，样本果农的户均种植规模普遍较小，平均种植面积为3.72亩，远未形成规模经营；样本果农的苹果种植年限普遍较长，平均种植年限约为27年；标准示范园的果农所占比例较低，仅占19.7%。因而，果农在对过量施肥认知方面的差异较小。

种植年限、种植方式、专业化程度、是否曾外出打工显著影响果农的测土配方施肥技术采纳行为，且系数为正，与预期相符。调查结果显示，在种植年限为0~5年、5~10年、10~20年、20年以上的果农中，采纳测土配方施肥技术的人所占比例分别为2%、38.7%、43.2%、47.8%，呈明显递增趋势。在种植方式为标准示范园的果农中，采纳测土配方施肥技术的人占58.2%；而在种植方式为普通果园的果农中，这一比例下降至38.4%。在苹果生产收入占家庭总收入的比例分别为60%及以下、60%~80%、80%及以上的果农中，采纳测土配方施肥技术的人所占比例分别为30.4%、34.9%、39.3%，呈明显递增趋势。在没有外出打工经历的果农中，采纳测土配方施肥技术的人占39.1%；而在有外出打工经历的果农中，这一比例为60.9%，明显更高。以上统计分析结果在一定程度上印证了上述估计结果。

边际效应的估计结果显示，苹果生产收入占家庭总收入的比例每增加1个百分点，果农对过量施肥有一定程度认知并采纳测土配方施肥技术的可能性要高出11％；与没有外出打工经历的果农相比，有外出打工经历的果农对过量施肥有一定程度认知并采纳测土配方施肥技术的可能性要高出26.1％。调查结果也显示，在苹果生产收入占家庭总收入的比例分别为60％及以下、60％～80％、80％及以上的果农中，对过量施肥有一定程度认知的人所占比例分别为21.2％、30.2％、39.3％，呈明显递增趋势。在没有外出打工经历的果农中，对过量施肥有一定程度认知的人所占比例为39.7％，而在有外出打工经历的果农中，这一比例为60.3％，明显更高。

（3）受访者的认知特征的影响

对过量施肥危害的认知、参与种植技术培训情况均显著影响果农对过量施肥的认知及其测土配方施肥技术采纳行为，且系数为正，与预期相符，这说明，了解过量施肥的危害和参与过种植技术培训的果农，对过量施肥有一定程度认知的可能性更大，也更倾向于采纳测土配方施肥技术。边际效应的估计结果显示，对过量施肥危害的认知程度每提升一个层次，果农对过量施肥有一定程度认知并采纳测土配方施肥技术的可能性将提高6.4％；果农参与种植技术培训的频次每提升一个层次，其对过量施肥有一定程度认知并采纳测土配方施肥技术的可能性将增加45.1％。调查结果显示，在对过量施肥危害的认知情况为"听说过""有所了解"和"非常了解"的果农中，对过量施肥有一定程度认知的人分别占为11.1％、27.8％、57.4％，采纳测土配方施肥技术的人分别占11.1％、35％、64.7％；在"没有参与""很少参与"和"经常参与"种植技术培训的果农中，对过量施肥有一定程度认知的人分别占2.6％、20.9％、68.2％，采纳测土配方施肥技术的人分别占2.5％、12.2％、57.9％，均呈依次递增趋势。对土壤环境保护相关政策的了解情况未通过显著性检验，可能原因是目前广大果农对这方面政策都不太了解，生态环保意识都不强，绿色发展理念尚未形成。

（4）果园的环境特征的影响

在反映果园的环境特征的变量中，果园土壤肥沃程度显著影响果农对过量施肥的认知及其测土配方施肥技术采纳行为，且系数为正，说明果园土壤肥沃的果农更可能对过量施肥有一定程度认知，并更倾向于采纳测土配方施肥技术。这与仇焕广等（2014）的研究结论相同。边际效应的估计结果显示，果园土壤肥沃程度每提升一个档次，果农对过量施肥有一定程度认知并采纳测土配方施肥技术的可能性将提高 8.8%。调查结果显示，在果园土壤肥沃程度为"差""一般""较好""很好"的果农中，对过量施肥有一定程度认知的人分别占 16.7%、35.3%、35.9%、54.6%，采纳测土配方施肥技术的人分别占 16.7%、44.3%、42.2%、63.6%，总体上呈递增趋势。

果园的地块分散程度对果农的过量施肥认知的影响不显著，但显著影响果农的测土配方施肥技术采纳行为，且系数为负，与预期相符，这说明，园地相对集中时，更便于管理，这有利于激发果农采纳测土配方施肥技术的积极性。调查结果显示，果园的地块分散程度为"集中""较集中""分散"的果农中，采纳测土配方施肥技术的人分别占 43.3%、38.2%、2.4%，呈递减趋势。果园离家远近程度没有通过显著性检验，即果园离家远近程度没有影响果农对过量施肥的认知和测土配方施肥技术采纳行为。调查中发现，样本果农的种植规模相对较小，且许多果农在果园搭建了临时住所，更便于进行果园管理。

4.3　结论和政策建议

本书利用山东省 9 个县（市、区）279 户苹果种植户的调查数据，运用投入导向的径向超效率模型分析了果农过量施肥现状，并运用双变量 Probit 模型分析了影响果农对过量施肥的认知和测土配方施肥技术采纳行为的因素，得到以下结论：山东省 9 个样本县（市、区）有 8 个在苹果种植中存在过量施肥问题，调查地区亩均施肥量有待降低的幅度在 14% 以上；64.9% 的果农对过量施肥缺乏认知，采纳测土配方施肥技术的果农仅占 21.7%；果农对过度施肥的认知与测土配方施肥技术采纳行为之间高度正相关；文化程度较低、专业化程度较高、有外出打工经历、对过量施肥危害有所认知、参加过种植技术培训、果园土壤较肥沃的果农对过量施肥有一定程度认知的可能性更高；具备上述特征，以及性别为女性、种植年限长、种植方式为标准示范园、园地较为集中的果农更倾向于采纳测土配方施肥技术。

上述研究结论为适当扩大果农种植规模、加强对果农的农业技术培训、积极创建标准化示范园等一系列良好做法的推行提供了一定依据。在改善果农种植行为方面的政策启示有：第一，政府应通过促进高等院校和科研院所做好相关公益性服务，引导市场提供经营性服务等方式推动科技下乡，在苹果优生区加大种植技术培训力度，更多地向果农推广一些资源节约型、环境友好型的实用种植技术。例如，在有条件的地区，可以逐步推广连年丰产基础上所总结出来的果园土壤分层管理技术，实行表层覆盖，通过人为创造水分、养分、通气稳定的环境条件，局部优化改良根系对养分的吸收，实现节水、节肥、丰产稳产的目标。第二，对积极施用测土配方肥和商品有机肥的果农予以适当的政策补贴，激发果农采纳测土配方施肥技术、增施有机肥的积极性，减少农业面源污染，提升果品的品质。第三，通过规范土地经营权的有序流转，适当扩大果农的种植规模，促进科学施肥，创建标准化示范园，促进果园标准化生产体系的建设。

5　无公害优质苹果种植质量安全行为研究

　　水果产品的质量包括观感特性、生物学特性指标以及卫生安全质量。观感特性指的是消费者对水果的第一感觉，包括大小、形状、色泽等特性；生物学特性包括水果产品的口感、营养成分、是否易于储存运输等；卫生安全包括是否有病害、各种药物和有害物质含量等。从目前国际贸易和市场发展来看，食品安全是市场准入的关键环节，一旦食品的安全性出现问题，产品的经营者不但面临着因产品销售不出而亏损的压力，而且会由于信誉度的降低使生产和销售遭受巨大的损失，甚至是毁灭性的。因此，质量和安全是影响水果产业国际竞争力的重要因素之一。本节以果农种植无公害优质苹果为例，对果农种植优质水果的质量和安全变化的影响因素进行分析。

5.1　果农种植无公害优质苹果行为实施意愿的影响因素分析

　　"民以食为天，食以安为先"，食品质量安全已成为全人类普遍关注的热点和焦点问题，关系到人类的健康和生命。苹果是消费者的重要果蔬营养来源，素有"水果之王"的美誉，深受世界各地消费者的喜爱。我国是世界上最大的苹果生产国，根据FAO统计，2011年我国苹果产量已占世界总产量的47.58%，无论种植面积还是产量均居世界首位。但长期以来，苹果质量问题一直是困扰我国从苹果生产大国迈向苹果生产强国的主要因素。与世界主要苹果生产国相比，我国的苹果生产主要以中低档果品为主，不仅平均单产低，而且还存在质量安全隐患，特别是种植环境污染、农药残留超标、苹果质量差等问题，既影响了消费者的身体健康，还严重制约了苹果产业的发展及其国际竞争力的提升，突出表现为与世界苹果主要出口国相比出口价格和出口比例一直明显偏低，贸易摩擦日趋增多，比较利益难以实现。2001 年 4 月农业部提出的"无公害食品行动计划"，现已在全国开始逐步施行，如今如何加快无公害优质苹果生产已经成为政府、学者和广大消费者共同关心、亟待解决的重大现实问题，是今后苹果产业可持续发展的方向所在。果农作为苹果产品生产的源头，其质量安全行为直接决定着最终苹果产品的质量安全状况。果农认真履行无公害优质苹果的种植行为、严格按无公害苹果种植的操作规范生产，是维持苹果产品的公共安全的基本保障。何谓无公害优质苹果，概括地说就是苹果本身口感好、品质上乘且未被农药、化肥、烟尘、重金属等有害物质污染，或虽有轻微污染，但符合国家规定的有关标准，并经省农业厅批准，农业部备案，发给相关证书和标志，并且外观漂亮非常新鲜的高品质苹果。其终端消费者往往是城市中高档消费群体和部分国外消费者。尤其在当今世界出口竞争不断加剧和贸易保护主义日益猖獗的背景下，各国都十分重视新的贸易壁垒的构建，从而使无公害优质苹果的生产成为苹果产业升级换代的大势所趋，这也为无公害优质苹果产业链的形成和完善指明了方向。

饮食的多样化使食品和农产品市场体系正在发生深刻变化，反映在居民对食品安全更为关注和对安全的乳制品、优质的猪肉和无公害水果及蔬菜的需求上（Pingali，2006）。虽然农户已具备必要安全食品知识和安全生产意识（卫龙宝，王恒彦，2005），但对有关农业投入品合理使用规定及符合标准的生产操作规范了解有限（周洁红，姜励卿，2007）。农户农产品供给行为直接关系到农产品质量安全，要从源头上解决农产品质量安全问题就必须认识和把握农户安全农产品的供给机理（赵建欣等，2007），并对农户农产品质量安全控制行为的影响因素进行深入研究。但现有文献缺乏从供应链视角对从事水果类农产品生产的农户质量安全控制行为及其影响因素的实证研究。本书利用山东省 16 个地市（区）种植户实地调查数据，运用 Logistic 和 Interpretive Structure 模型对影响果农种植无公害优质苹果行为实施意愿的主要因素及其相互关系进行了深入分析，以期为相关部门制定有关促进果农种植无公害优质苹果的政策提供参考。

5.1.1　理论分析及研究假说

5.1.1.1　理论分析

优质苹果供应链运行中，果农与果品营销企业通过签订生产合同形成长期稳定的合作伙伴关系。其中，果品营销企业既大量收购、加工、储藏苹果，又为果农提供生产无公害优质苹果种植的操作管理规程；果农按照种植管理规程生产并向果品营销企业提供符合无公害优质苹果检验要求的高品质苹果，确保苹果质量安全。显然，果农良好的苹果种植行为操作规范决定了种植环节的质量安全，良好的种植行为是一个涉及多方面的综合概念，是指果农为改善和保障苹果质量安全而开展的一系列活动。因此，唯有果农严格按无公害优质苹果的操作规程种植苹果，才可能达到无公害优质苹果的各项检验要求。根据优质苹果供应链的运行机制，果农若愿意种植无公害优质苹果，那么其生产的苹果才更可能满足无公害优质苹果生产的需要，果品营销企业也会给出更高的苹果收购价格，社会还将给予其相应的品牌荣誉奖励；否则，果品营销企业将对苹果大幅度降价收购或拒绝收购，甚至取消果农的供应链成员资格。

5.1.1.2　研究假说

基于无公害优质苹果和果农无公害种植行为的含义，借鉴国内外已有的研究成果，本书从决策者特征、生产经营特征、认知特征和种植环境特征四个方面，提出优质苹果供应链中生产无公害优质苹果行为意愿影响因素的假说。

（1）决策者特征对生产无公害优质苹果的行为意愿有影响

决策者特征主要包括性别、年龄和文化程度三个因素。从理论上讲，与女性相比，男性的思想更加活跃、理念更加先进，更愿意接受新技术和新事物，更加注重经济利益和社会声誉，因此更愿意采用无公害种植行为。随着年龄的增长，决策者会趋于沉稳和保守，越不愿意采用具有高投入、高技术水平和高收益特征的无公害种植行为，因此年龄对果农采用质量安全行为的意愿有负影响。决策者文化程度越高、经营理念越先进、生产行为越趋于规范，接受新知识和新技术的能力越强，因而采用无公害种植行为的可能性越大。

（2）生产经营特征对果农种植无公害优质苹果行为的意愿有影响

果农的生产经营特征主要包括种植方式、种植规模、专业化程度、从事果品种植的年限和是否加入苹果营销合作组织五个因素。第一，相比于普通果农，标准示范园果农的集约化程度和专业化程度更高，面临的经营风险和市场风险更大，更希望通过种植无公害优质苹果来保证苹果产品质量，降低经营风险，增加种植利润。第二，种植规模对果农种植无公害优质苹果意愿有正向影响。对于同一类型的种植主体而言，种植规模越大，受社会关注的程度会越高，一旦苹果产品出现质量问题，面临的惩罚和信誉损失也会越大，因此，种植规模越大的果农会越倾向于采取无公害种植这一能得到政府的鼓励和支持的种植行为。第三，本书用苹果种植收入占家庭总收入的比例来反映果农的专业化程度。专业化程度高的果农，其生存与发展对苹果产业的依赖性强，他们种植无公害优质苹果的预期行为可能高于专业化程度低的果农，因而其种植无公害优质苹果意愿会更强。第四，随着专业种植年限的增加，果农对不种植无公害优质苹果的弊端和风险会有更多认识，因此种植无公害优质苹果的倾向越明显。第五，优质苹果供应链将分散的果农、苹果加工企业、苹果销售商和消费者联合起来，使之形成了稳定的战略合作关系，处于核心地位的果品营销企业及相关科研单位能够为苹果供应者提供优良的化肥、农药、种植管理规程以及信息、资金和技术等方面的咨询和服务。因此，与其他果农相比，加入了果品供应链合作组织的果农有更好的物质基础与条件，种植无公害优质苹果的意愿会更强。

（3）认知特征对种植无公害优质苹果行为的意愿有影响

认知特征指果农关于种植无公害优质苹果的认识了解状况。从理论上讲，果农对种植无公害优质苹果行为及内容的认知程度越高，就越能理解种植无公害优质苹果的重要性，就越倾向于种植无公害优质苹果。根据影响种植无公害优质苹果质量的主要因素，本书选择了三个认知特征变量，分别是果农对无公害种植的认知程度，对化肥、农药安全使用的认知程度，对果品农药残留危害的认知程度。

（4）环境特征对果农种植无公害优质苹果行为的意愿有影响

环境特征主要包括果农周边环境状况、政府是否宣传并提供支持以及果品收购企业是否实施严格的分级和检验三个因素。第一，果农的周围环境越差，其种植无公害优质苹果的难度越大，越不愿意采用种植无公害优质苹果的良好行为。第二，政府的宣传既能对果农的行动产生导向作用，又能够激发果农的热情，政府在资金、技术、信贷等方面的支持则会增强果农种植无公害优质苹果的行为意愿。第三，只有果品收购时实施严格的分级和检验，使分级检验达标的广大果农能获得更大收益，他们才更倾向于采用无公害种植的良好质量安全行为。

5.1.2　实证模型构建

5.1.2.1　模型选择

本书研究的是果农种植无公害优质苹果行为意愿，即果农选择种植无公害优质苹果行为的主观概率，有"愿意"和"不愿意"两个端点。Logistic 模型是将逻辑（Logistic）分布作为随机误差项的概率分布的一种二元离散选择模型，适用于对按照效用最大化原则所进行的选择行为的分析。一般地，果农在进行是否种植无公害优质苹果行为的决策时，会在理性地综合衡量各方面因素的基础上做出最佳选择，所以本研究适合选用 Logistic 模型来分析其种植无公害优质苹果行为意愿。以果农是否愿意种植无公害优质苹果作为因变量 y，"愿意"赋值为 1，不愿意赋值为 0。该模型的因变量的取值范围为 [0, 1]，其表达式为：

$$\ln\left(\frac{P}{1-P}\right) = b_0 + b_1 x_1 + b_2 x_2 + \cdots + b_n x_n + \varepsilon \qquad (5-1)$$

式（5-1）中，p 和 $1-p$ 分别代表果农愿意和不愿种植无公害优质苹果的概率，x_i（$i=1, 2, \cdots, n$）为解释变量，即决策者特征、生产经营特征、认知特征和种植环境特征中的各种主要影响因素；b_i（$i=1, 2, \cdots, n$）为第 i 个影响因素的回归系数，b_i 为正表示第 i 个因素对生产无公害优质苹果行为意愿有正影响，为负则表示有负影响。b_0 为常数项，ε 为随机误差。b_0 和 b_i 的值可用极大似然估计法进行估计。

5.1.2.2 数据来源和样本情况

本书所用数据由山东农业大学经济管理学院的大学生于 2012 年 1—2 月（寒假期间）在苹果适生区实地调查获得。山东省是我国渤海湾苹果主产区的重要省份，2011 年，苹果产量为 837.94 万吨，占全国总产量的 23.29%。目前，苹果产业已发展成为山东省农村经济的重要支柱产业。具体调查方法为：首先，设计果农种植无公害优质苹果行为意愿的调查问卷，包括果农基本状况、生产经营特征、果农（户）的认知特征和种植的环境特征等 36 个问题，其中，意愿选项问题是"您是否愿意种植无公害优质苹果"，是指在苹果种植过程中是否严格按无公害优质苹果良好操作规程，实施规范的无公害种植行为，达到种植无公害优质苹果的目的。然后，选择责任心强、有一定理论素养的学生，对其进行调查目的、方法、指标含义、统计口径和注意事项等方面的培训，并发放调查问卷 600 份。其次，调查人员直接与受访者面谈，现场填写问卷。最后，收回问卷 565 份，通过认真审核，得到有效问卷 479 份，回收率 79%。

在选择调查地区时兼顾了各地的苹果生产情况和地域性，涉及山东省 16 个地市（区）。从 2011 年苹果生产情况看，烟台属于苹果主产区，年产苹果 300 万吨以上，威海、淄博、青岛、临沂属于苹果中产区，年产苹果 50 万吨以上，其余市（区）属于苹果少产区，年产苹果 40 万吨以下（表 5-1）。

表 5-1 受访果农的各地市（区）苹果生产概况及样本分布情况

调查点	烟台	威海	淄博	青岛	潍坊	临沂	菏泽	聊城
面积（万公顷）	11.49	2.58	1.58	1.58	1.07	2.1	1.21	1.41
产量（万吨）	397.6	71.98	57.06	54.18	37.43	59.91	34.81	27.11
样本数（个）	59	40	37	36	31	28	28	25
所占比例（%）	12.25	8.36	7.69	7.53	6.41	5.87	5.79	5.23
调查点	济南	泰安	日照	滨州	德州	济宁	枣庄	东营
面积（万公顷）	1.49	0.65	0.43	0.52	0.29	0.41	0.37	0.23
产量（万吨）	23.47	14.91	13.37	13.27	9.34	10.27	6.63	4.49
样本数（个）	25	24	28	29	25	23	23	19
所占比例（%）	5.18	5.06	5.76	5.98	5.29	4.73	4.82	4.05

数据来源：根据 2012 年山东统计年鉴及调查数据。

受访者中，男性占 55.53%，年龄在 46～60 岁的占 80.17%，初中及以上文化程度的超过 74.11%，从事苹果种植年限 6 年以上的占 86.85%。他们熟悉苹果种植管理的基本要领，对调查所涉及的问题有较好的理解与把握。479 份问卷在全省主要地市的苹果产区分布较为合理，因此，调查数据具有较高的代表性和可信度。

表 5-2　受访果农的基本情况

类型	选项	样本数（个）	比例（%）	类型	选项	样本数（个）	比例（%）
性别	男	306	55.53	文化程度	小学及以下	124	25.89
	女	173	44.47		初中	292	60.96
					高中	51	10.65
	35 岁以下	21	4.38		大专以上	12	2.51
年龄	36～45 岁	33	6.89	从事种植年限	1～5 年	63	13.15
	46～60 岁	384	80.17		6～10 年	213	44.5
	60 岁以上	41	8.56		10～14 年	156	32.57
					14 年以上	47	9.81

5.1.2.3　变量选择

根据上述研究假设，本书在构建果农种植无公害优质苹果行为意愿的计量经济模型时，选择了 4 类 14 个变量（表 5-3）。

表 5-3　模型中解释变量的含义与描述性统计分析

变量名称	变量含义	平均值	标准差	预期方向
1. 果农（户）决策者的基本特征				
决策者的性别（x_1）	男＝0；女＝1	0.445	0.497	负向
决策者的年龄（x_2）	35 岁及以下＝0；36～45 岁＝1；46～60 岁＝2；60 岁以上＝3	1.927	0.572	负向
决策者的文化程度（x_3）	小学以下＝0；小学＝1；初中＝2；高中＝3；大专及以上＝4	1.731	0.819	正向

（续）

变量名称	变量含义	平均值	标准差	预期方向
2. 果农（户）的生产经营特征				
苹果种植规模（x_4）	2 亩以下＝0；2～4 亩＝1；5～7 亩＝2；8～10 亩＝3；10 亩以上＝4	1.660	1.082	正向
苹果种植的年限（x_5）	6 年以下＝0；6～10 年＝1；10～14 年＝2；14 年以上＝3	1.397	0.774	正向
种植方式（x_6）	普通果园＝0；标准示范园＝1	0.244	0.430	正向
专业化程度（x_7）	苹果总收入占其家庭总收入的比例：30 以下＝0；30～59＝1；60～80＝2；80 以上＝3	2.883	0.985	正向
是否加入合作组织（x_8）	否＝0；是＝1	0.332	0.673	正向
3. 果农（户）的认知特征				
对无公害种植的认知程度（x_9）	没必要＝0；是一种未来趋势，但目前不具备条件＝1；是一种道德责任，应该全面开展＝2	1.117	0.559	正向
对化肥、农药安全使用的认知程度（x_{10}）	不知道＝0；听说过＝1；有所了解＝2；非常了解＝3	1.660	0.636	正向
对果品农药残留的认知程度（x_{11}）	不知道＝0；听说过＝1；有所了解＝2；非常了解＝3	1.286	0.762	正向
4. 果农（户）种植的环境特征				
周边环境状况（x_{12}）	中度污染＝0；轻度污染＝1；良好＝2；优秀＝3	1.616	0.719	正向
政府是否宣传并提供支持（x_{13}）	否＝0；是＝1	0.520	0.501	正向
收购苹果是否被分级和检验（x_{14}）	否＝0；是＝1	0.566	0.496	正向

5.1.2.4 模型估计结果与分析

本书利用 SPSS 16.0 软件，运用基于最大似然估计的向后逐步回归法估计果农生产无公害优质苹果行为实施意愿的影响因素的二元 Logistic

模型。首先将所有可能影响果农生产无公害优质苹果意愿的因素引入模型，得到模型一，然后根据 Wald 检验结果，逐步剔除掉 Wald 值最小的解释变量，再重新拟合回归方程，直到所保留的解释变量对因变量的影响都能通过 10 的显著性检验为止，得到模型二。各变量的系数以及统计量如表 5 - 4 所示。

表 5 - 4　果农生产无公害优质苹果安全行为实施意愿的影响因素的
**　　　　Logistic 模型回归结果**

模型变量	模型一			模型二		
	B	Wald 值	Exp (B)	B	Wald 值	Exp (B)
常数项	−13.025***	31.089	0.000	−13.263***	45.953	0.000
性别（x_1）	−0.703	2.357	2.019	—	—	—
年龄（x_2）	−0.582	2.498	0.559	—	—	—
文化程度（x_3）	0.822***	10.837	2.276	0.796***	11.452	2.216
苹果种植规模（x_4）	0.554***	7.619	1.741	0.549***	8.369	1.732
种植的年限（x_5）	0.050	0.036	1.051			
种植方式（x_6）	1.223**	3.851	3.431	1.132*	3.679	3.103
专业化程度（x_7）	1.828***	13.719	6.221	1.810***	15.078	6.110
加入合作组织（x_8）	0.084	0.030	1.087	—	—	—
无公害种植认知程度（x_9）	1.996***	15.012	7.356	2.202***	20.416	9.040
安全使用的认知程度（x_{10}）	1.901***	23.898	6.691	2.053***	29.061	7.791
农药残留的认知程度（x_{11}）	1.301***	15.984	3.672	1.194***	14.593	3.302
周边环境情况（x_{12}）	0.387	1.810	1.472	—	—	—
政府宣传支持（x_{13}）	0.116	0.051	1.123	—	—	—
苹果分级和检验（x_{14}）	1.910***	11.551	6.755	1.843***	13.101	6.317
伪判决系数	0.791			0.779		
负 2 倍对数似然比	156.213			164.088		
对数似然比伴随概率	0.000			0.000		

注：＊、＊＊、＊＊＊分别表示在 10%、5% 和 1% 的水平上统计显著。

从表 5 - 4 回归结果和统计检验结果可以看出：两模型的似然比卡方统计量分别为 156.213、164.088，对应的 P 值均为 0.000，说明模型在整体上拟合较好，两模型均具有统计学意义；模型一与模型二中统计显著变量的系数及其统计量都很接近，因此两个模型表示的含义非常一致，下文的讨论将以模型二为主。根据回归结果，有4类8个因素对果农种植无公害优质苹果意愿的影响具有统计显著性。其中，2个因素的系数绝对值超过2，影响程度大（与其他因素的影响程度比较而言）；4个因素的系数绝对值在1～2之间，影响程度较大；2个因素的系数绝对值小于1，影响程度较小。

（1）果农决策者特征对其种植无公害优质苹果安全行为实施意愿的影响。

决策者特征变量中，文化程度变量在模型一和模型二中都通过了1%统计水平的显著性检验且系数为正。这表明，在其他条件不变的情况下，果农的文化程度对其安全行为实施意愿有正影响。调查结果显示，小学及以下、初中、高中及以上的受访果农愿意生产无公害优质苹果的占比分别为55.4%、83.5%、93.7%，说明在其他条件不变的情况下，果农的文化程度越高，对种植无公害优质苹果安全行为这一涉及多因素复杂问题的认知理解越深刻、认同度越高，因而选择无公害种植的意愿越明显。

（2）果农生产经营特征对其种植无公害优质苹果安全行为意愿的影响

生产经营特征变量中种植规模变量在模型一和模型二中都通过了1%统计水平的显著性检验且系数为正。这表明，果农种植规模对其种植无公害优质苹果安全行为意愿有一定程度的正影响。也就是说，在其他条件一定的情况下，随着种植规模的增加，果农种植无公害优质苹果的行为倾向较大，这与原假设相符。此外，种植方式变量在模型二中都通过了10%统计水平的显著性检验且系数为正。这表明，种植方式对果农种植无公害优质苹果安全行为实施意愿有十分显著的正影响。结果显示，标准示范园的果农愿意生产无公害优质苹果的发生比是普通果园果农的3.103倍。其三，专业化程度变量在模型一和模型二中都通过了1%统计水平的显著性检验且系数为正。这表明，专业化程度对果农种植无公害优质苹果安全行为实施意愿也有十分显著的正影响。可见，通过适当扩大种植规模、创建标准化示范果园、促进专业化程度提高，对于果农种植无公害优质苹果行为有极为重要的促进作用。

（3）果农认知特征对其种植无公害优质苹果安全行为意愿的影响

认知特征变量中对无公害种植的认知程度、对化肥、农药安全使用的认知程度和对果品农药残留的认知程度变量在模型一和模型二中都通过了

1％统计水平的显著性检验且系数为正。这表明，它们对种植无公害优质苹果都有显著的正影响。也就是说，在其他条件一定的情况下，果农对无公害种植的认知程度越高、对化肥、农药安全使用的理解越全面、对果品农药残留危害领会越深入，种植无公害优质苹果安全行为实施的可能性越大。

（4）种植环境特征对种植无公害优质苹果的影响

种植环境特征变量中产地分级和检验变量在模型一和模型二中都通过了1％统计水平的显著性检验且系数为正。这表明，苹果收购时实施分级和检验对果农是否种植无公害优质苹果的意愿有很显著的正影响，这与本书的假定一致。结果显示，收购时实施分级和检验导致果农愿意生产无公害优质苹果的发生比是不实施分级和检验的6.317倍。说明在其他条件不变的情况下，若营销企业对收购苹果进行严格的分级和检验，按质定价并拉开档次，则会督促果农种植无公害优质苹果安全行为的实施意愿且效果明显。

5.2　果农实施无公害种植行为的作用机理分析

系统是由许多具有一定功能的要素组成的，而各个要素之间总是存在着相互支持或相互制约的逻辑关系。只有果农采取无公害种植行为，才可能生产出更多无公害优质苹果。因此，本书在供应链环境下果农种植无公害优质苹果行为实施意愿分析的基础上，基于 Logistic 二元选择计量模型的分析结果，利用 Interpretative Structural 模型对果农无公害种植行为意愿的影响因素进行深层结构分析，为优化果农质量安全行为提出切实可行的建议。

Interpretative Structural 模型法（简称 ISM 法）是美国 J. 华费尔特教授于 1973 年为分析复杂的社会经济系统有关问题而开发的一种方法。ISM 属于概念模型，它最大的好处是可以将系统中各要素之间的复杂、零乱关系分解成清晰的多级递阶的结构形式，从而把模糊不清的思想、看法转化为直观的具有良好结构关系模型，具有启发性。ISM 广泛适用于认识和处理各类社会经济系统的问题。此方法是一种用于分析和揭示复杂关系结构的有效方法。构建 ISM 的主要工作步骤：①设定关键问题及选择影响系统的因素；②根据各因素之间的相关性建立可达矩阵；③对可达矩阵进行级间划分；④建立解释结构模型。

5.2.1 问题描述及指标选取

根据前文 Logistic 模型对果农无公害种植行为的实施意愿及其影响因素分析，可以得出影响果农种植无公害优质苹果行为实施意愿的 8 个主要因素，调研人员对要素间的逻辑关系进行分析并咨询征求有关专家学者和部门管理者的建议，最终达成一致看法，确定了这 8 个要素之间的逻辑关系，如图 5-1 所示。其中：V 表示方格图中的行要素直接影响列要素，如果农的种植规模（P_2）直接影响果农的专业化程度（P_4）；D 表示方格图中的列要素直接影响行要素，如果农的文化程度（P_1）直接影响生产无公害优质苹果行为意愿（P_0）；0 表示行列要素没有关系，如果农的文化程度（P_1）与种植规模（P_2）无直接相关关系。

D	D	D	D	D	D	D	D	P_0 采用无公害种植行为意愿
0	V	V	V	0	0	0		P_1 果农文化程度
V	V	V	V	V	0			P_2 果农的种植规模
V	V	V	V	V				P_3 果园的种植方式
V	V	V	V					P_4 专业化程度
0	D	D						P_5 果农对无公害种植的行为态度
0	0							P_6 果农对化肥、农药安全使用的认知程度
0								P_7 果农对农药残留危害的认知程度

P_8 果品收购企业是否实施严格的分级和检验

图 5-1 果农无公害种植影响因素关系

5.2.2 确定各导致因素之间的相关性建立可达矩阵

系统中这 8 个因素是有机的联系在一起的，而这些因素之间又是相互影响的，这种影响关系可用矩阵 A 表示，即邻接矩阵 A 表明矩阵中各要素之间两两的直接关系。如元素 $a_{ij}=1$ 表示因素 P_i 对 P_j 有直接影响，$a_{ij}=0$ 表示因素 P_i 对 P_j 无影响（见图 5-1 和矩阵 A）。邻接矩阵反映了要素之间的直接关系，可达矩阵反映的是要素之间还存在间接关系。如 P_i 对 P_j 有影响，P_j 对

P_k 有影响，那么 P_i 对 P_k 有间接影响。矩阵的元素 $a_{ij}=1$ 表示因素 P_i 对 P_j 有直接或间接的影响，否则 $a_{ij}=0$。可达矩阵 M 是指用矩阵形式来描述有向连接图各节点之间，经过一定长度通路后可以最终到达的程度。可达矩阵有一个重要特性，即推移率特性。当 P_i 经过长度为 1 的通路直接到达 P_k，而 P_k 经过长度为 1 的通路直接到达 P_j，那么，P_i 经过长度为 2 的通路必可到达 P_j。通过推移率进行演算，这就是矩阵演算的特点。所以说，可达矩阵可以用邻接矩阵加上单位矩阵 I，并经过一定演算后求得。根据布尔代数运算规则（即 $0+0=0$，$0+1=1$，$1+0=1$，$0\times0=0$，$0\times1=0$，$1\times0=0$，$1\times1=1$）进行运算，如果 $(A+I)^n=(A+I)^{n+1}$，则 $M=(A+I)^n$。

根据布尔代数运算规则，本书果农种植无公害优质苹果行为实施意愿影响因素的邻接矩阵 A 满足 $(A+I)=(A+I)^2$，所以 $M=A+I$，即果农种植无公害优质苹果行为影响因素的可达矩阵 M 如下：

$$A=\begin{array}{c}P_0\\P_1\\P_2\\P_3\\P_4\\P_5\\P_6\\P_7\\P_8\end{array}\begin{bmatrix}0&0&0&0&0&0&0&0&0\\1&0&0&0&0&1&1&1&0\\1&0&0&0&1&1&1&1&1\\1&0&0&0&1&1&1&1&1\\1&0&0&0&0&1&1&1&1\\1&0&0&0&0&0&0&0&0\\1&0&0&0&0&1&0&0&0\\1&0&0&0&0&1&0&0&0\\1&0&0&0&0&0&0&0&0\end{bmatrix}$$

$$M=\begin{array}{c}P_0\\P_1\\P_2\\P_3\\P_4\\P_5\\P_6\\P_7\\P_8\end{array}\begin{bmatrix}1&0&0&0&0&0&0&0&0\\1&1&0&0&0&1&1&1&0\\1&0&1&0&1&1&1&1&1\\1&0&0&1&1&1&1&1&1\\1&0&0&0&1&1&1&1&1\\1&0&0&0&0&1&0&0&0\\1&0&0&0&0&1&1&0&0\\1&0&0&0&0&1&0&1&0\\1&0&0&0&0&0&0&0&1\end{bmatrix}$$

5.2.3 对可达矩阵的级间划分

所谓级间划分就是将果农种植无公害优质苹果行为影响因素系统中所有要素以可达矩阵为准则，划分成不同级次，以建立结构模型。具体做法是，将与要素 P_i 有关的要素集中起来，并定义为 P_i 的可达集和前因集，分别用 $M(P_i)$ 和 $A(P_i)$ 表示。$M(P_i)$ 和 $A(P_i)$ 分别是由可达矩阵中第 P_i 行和第 P_i 列中所有矩阵元素为 1 的列和行所对应的要素集合。根据集合表达式 $M_i = \{P_i \mid M(P_i) = M(P_i) \bigcap A(P_i); i = 0, 1, \cdots, k\}$，寻找各层要素集。如可达矩阵 M 中，P_0 行中共有 1 个元素为 1，则 P_1 的可达集为 $M(P_0) = (0)$，同理 $M(P_1) = (0, 1, 5, 6, 7)$ 等。首先找到最高要素集。一个多级阶梯结构的最高级要素集是指没有比它更高级的要素集可以到达。其可达集域 $M(P_i)$ 中只包含它本身要素集，而前因集 $A(P_i)$ 中，除包含要素 P_i 本身外，还包括可以到达它下一级的要素。即 $M(P_i) = M(P_i) \bigcap A(P_i)$，则 $M(P_i)$ 即为最高要素集（表 5-5）。找出最高级要素集后，即可将其从可达矩阵中划去相应的行和列，接着，再从剩下的可达矩阵中继续寻找新的最高级要素（即第二层要素）。依次类推，可以找出各层要素集：$M_0 = \{P_0\}$，$M_1 = \{P_8、P_5\}$，$M_2 = \{P_6、P_7\}$，$M_3 = \{P_1、P_4\}$，$M_4 = \{P_2、P_3\}$。然后，由以上等级划分得到排序后的可达矩阵（图 5-2、图 5-3）。

表 5-5　最高级的可达集和先行集

P_i	$M(P_i)$（可达集）	$A(P_i)$（前因集）	$M(P_i) \bigcap A(P_i)$
0	0	0, 1, 2, 3, 4, 5, 6, 7, 8	0
1	0, 1, 5, 6, 7	1	1
2	0, 2, 4, 5, 6, 7, 8	2	2
3	0, 3, 4, 5, 6, 7, 8	3	3
4	0, 4, 5, 6, 7, 8	2, 3, 4	4
5	0, 5	1, 2, 3, 4, 5, 6, 7	5

（续）

P_i	M（P_i）（可达集）	A（P_i）（前因集）	M（P_i）$\bigcap A$（P_i）
6	0，5，6	1，2，3，4，6	6
7	0，5，7	1，2，3，4，7	7
8	0，8	2，3，4，8	8

	P_0	P_8	P_5	P_6	P_7	P_1	P_4	P_2	P_3
P_0	1	0	0	0	0	0	0	0	0
P_8	1	1	0	0	0	0	0	0	0
P_5	1	0	1	0	0	0	0	0	0
P_6	1	1	0	1	0	0	0	0	0
P_7	1	1	1	0	1	0	0	0	0
P_1	1	1	0	1	1	1	0	0	0
P_4	1	1	1	1	1	0	1	0	0
P_2	1	1	1	1	1	0	0	1	0
P_3	1	0	1	1	1	1	1	0	1

图 5-2　排序后的可达矩阵 M

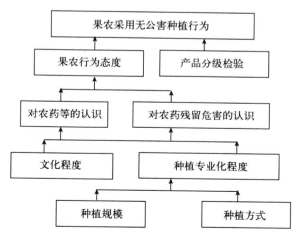

图 5-3　果农种植无公害苹果行为意愿影响因素的 ISM 分析

5.2.4　构建解释结构模型及结果分析

将图 5 - 2 可达矩阵排序后的影响果农种植无公害优质苹果行为因素分别填入图 5 - 3 中对应的位置即可得到影响生产无公害优质苹果行为的解释结构模型。由图 5 - 3 可知，生产无公害优质苹果行为意愿影响因素的解释结构模型是一个具有五级的多阶梯结构模型，自下而上的箭头表明低一层的因素影响高一层因素。

最直接影响果农种植无公害优质苹果行为意愿的因素主要包括两个，分别为果农行为态度（即果农对种植无公害优质苹果的看法）和果品收购企业是否对采摘苹果实施分级和检验，这是影响果农采取无公害种植行为意愿的表象层直接因素。很显然，态度决定行为，如果果农认为采取无公害种植的行为是没必要的，那么果农肯定不愿意在种植无公害优质苹果方面追加投资；相反，如果果农认为良好的质量安全行为是一种道德责任，应该全面开展，也即果农从心理上认为采取质量安全行为是必要的，那么，果农必然愿意为种植无公害优质苹果投入更多的资金和技术。而果品营销企业是否对采收的苹果实施分级和检验是直接影响果农是否愿意采取无公害种植行为的另一个重要因素。若营销企业实施产地分级和检验，则不合格苹果无法正常出售，必然会减少果农采取不安全生产所获得的额外收益，使采用无公害种植行为的好处得以显现，可以直接促进果农选择种植无公害优质苹果良好质量安全行为。从第三层级看，果农对于农药使用的认知和对于农药残留危害的认知两因素直接影响果农的行为态度，是影响果农质量安全行为意愿的中间层间接因素。如果果农不能对农药的使用和农药残留对人体所造成的危害有清楚的认识，他们就会认为采取无公害种植行为是没有必要的，进而就不会产生实施无公害种植行为的意愿和动机。处于模型第四层的两个因素中，文化程度、专业化程度又直接影响农药使用认知和农药残留对人体所造成危害的认知，是影响生产无公害优质苹果行为意愿的深层次根源因素，而第五层的两个因素中，种植规模、种植方式又直接影响着果农种植苹果的专业化程度，也是目前需要从根本上最应解决的问题。因此，苹果适生区适当扩大种植规模、积极创建标准化示范园是优化果农种植质量行为的一条切实有效途径。

综合考虑图 5-3 所示的结构模型图和 479 户果农的问卷调查结果，得出如下结论：行为态度、文化程度、种植规模、种植方式、专业化程度、对化肥和农药安全使用的认知、对农药残留危害认知以及是否实施严格的分级和检验 8 个因素直接或间接地影响果农种植无公害优质苹果的行为意愿，现实中由于目前我国果农的种植者文化程度普遍偏低（受访者中，初中及以下文化程度的占到 86.9%），种植规模偏小（受访果农中，种植面积 4~6 亩的占到半数以上），种植方式以普通果园为主（受访者中占到 75.6%），因此种植者缺乏对先进种植技术以及科学种植的求知欲，导致对化肥、农药安全使用的认知和对农药残留危害的认知不深入（受访者中，对农药安全使用知识以及农药残留危害认知很清楚的只有 30% 左右）。同时，果品收购企业对苹果分级和检验重视程度不够，对果农尤其是小规模的果园苹果没有进行必要的苹果分级和检验（受访者中，有将近 43.8% 的果农缺少苹果分级和检验）。这些因素相互影响、相互制约，直接或间接影响了目前果农采用无公害种植行为的意愿。苹果是人类重要果蔬营养来源，其质量安全状况直接关系人类的身体健康和生命安全。作为无公害优质苹果供应链的源头，果农行为在很大程度上影响消费者所购买苹果的质量安全水平。实证研究结果表明，479 户受访果农中，有 78.3% 的愿意实施无公害种植行为。但要真正实现我国苹果生产由数量效益型向质量效益型的重大转变，促进广大果农实施无公害种植行为才是解决问题的症结所在。

本书以计划行为理论为基础，以 ISM 分析方法为纽带，通过对果农无公害种植行为意愿的影响因素进行深层结构分析，为提倡果园适当扩大种植规模、积极创建标准化示范园、改善果农的种植质量行为等一系列良好做法提供了一定的理论依据。基于研究结论，提出如下改善苹果种植质量行为的政策建议：

一是各苹果适生区的地方政府应在资金、技术、信贷、税收和用地等方面加大对果农的扶持力度，以促进其加速资本积累、扩大经营规模、提升专业化水平。二是通过科技下乡、技能培训、职业技能大赛等多种形式，加强苹果种植的服务体系建设，努力提高果园管理者在种植无公害优质苹果生产技术（如苗木培育、配方施肥、果实套袋、农药使用、合理修剪、花果管理）方面的技能水平。三是加强对果农进行苹果质量安全知识、良好操作规程、经营理念和职业道德的培训，以提高其对苹果质量安全的认知水平和执行能力。四是灵活运用"模仿理论"，加快创建标准化的苹果示范园，通过举办苹果经验交流会、博览会和文化节等方式充分展示种植无公害优质苹果所产生的经济效益和社会效益。五是鼓励供应链核心果品收购企业建立自己的果品质量检验、采前操作规程监督和采后质量追溯体系，定期对供应链上有合作关系果农进行生产质量抽检，发现问题及时解决。六是加强果业合作社建设，推广"龙头企业＋合作社＋果农（基地）"经营模式，逐步实现龙头企业带动下的"种植—采摘—处理—精深加工—运输—市场"一体化的经营管理体系和苗木培育、种植、加工、包装、储运、营销的产业链体系。

6 无公害优质苹果生产质量链问题研究

 饮食的多样化使食品和农产品市场体系正在发生深刻变化，反映在居民对食品质量安全更为关注和对安全的乳制品、优质的猪肉和无公害水果及蔬菜的需求上（Pingali，2006），而今无公害优质水果的消费已成为新时期果品消费的潮流和走向。但在水果生产过程中由于化肥和农药的使用不当和对环境卫生质量的不够重视以及种植管理和操作规程的不规范、不到位，时常造成部分地区的种植环境污染、农药残留超标、质量差等问题，既影响了消费者的身体健康，还严重制约了水果产业的快速发展及其国际竞争力水平的提升，导致我国与世界主要水果生产国相比，出口价格一直明显偏低，贸易摩擦日趋增多，比较利益难以实现。目前我国国民经济正面临"转方式、调结构"的攻坚阶段，质量管理的理念正由"符合性质量""适用性质量"发展到以"顾客满意"为最终目标的"当然质量""魅力质量"。然而，受传统生产经营模式"重数量，轻质量；重效率，轻信息；重分工，轻集成"等特点的影响，广大果农、果品企业、分销商及最终用户之间尚未形成一条连续、畅通的质量链监管体系，而是被一系列的"质量壁垒"所阻隔，无法满足供应链环境下水果生产质量管理的全过程、集成化、敏捷化要求，水果产业需要把质量管理的功能向供应源和需求源两个方向拓展，建立起具有适应市场变化便于调控的质量链管理系统，使各利益群体共同参与到无公害优质水果全程质量链管理的过程中。

 自从加拿大哥伦比亚大学（UBC）的学者首先提出质量链管理的概念后（Troczynski，1996），质量链管理的内涵得到了不断丰富和发展，国内学者丁文琴和赵俊华（1999）认为质量意识、人员质量、质量文化、工作质量、产品质量这五个质量管理所涉及的不同方面环环相扣、互为联系组成一条"质量链"，在协同管理下最终达到提高产品质量的目的。唐晓青等（2002）则认为协同质量链管理强调彻底打破质量黑箱的封闭界限，综合运用技术、管理等多种手段，在供应商、制造商、销售商乃至最终用户之间建立一条敏捷、畅通、受控、优化的广域质量链通路。唐晓芬等（2005）经过反复研究和论证，进一步提出了质量流、质量链、链节点、链节图、耦合效应等基本概念，丰富了质量链管理的理论基础。张东玲、高齐圣（2008）针对农产品质量安全控制问题，将农产食品链视为一个过程网络，提出了基于质量损失的关键质量链分析评价方法。刘畅等（2011）系统总结了我国 2001—2010 年发生的 1 460 个食品质量安全事件，通过 SC‐RC 判别与定位矩阵，实证分析了中国食品质量安全控制的薄弱环节与本质原因，认为就生鲜农产品而言，食品安全问题发生的关键环节在于种养阶段。沙鸣、孙世民（2011）特别针对供应链环境下猪肉质量链链节点的重要程度进行了分析，阐述了各链节点对于保障猪肉质量安全的重要性。

当前实施果品质量链管理，构建由适度规模的果农、大中型果品公司和超市为主要成员的优质果品供应链，是提升果品质量安全水平的一条切实有效途径。但是，目前关于供应链环境下水果质量链相关分析的文献在国内尚不多见。鉴于此，本书以苹果为例，利用山东省 16 个地市（区）的564 份问卷的调查数据，借鉴 TOPSIS 模型对苹果质量链上各级链节点中的关键链节点进行探索性分析，并在此基础上进一步分析了苹果生产质量链关键链节点之间的耦合机制，旨在提高我国苹果质量链管理水平、实现苹果生产质量安全的全过程控制，为进一步做大做强我国苹果产业提供借鉴和参考。

6.1　TOPSIS 模型原理与数据来源

6.1.1　TOPSIS 模型原理

TOPSIS 由 C. L. H. Wang 和 K. Yoon 于 1981 年首次提出，是根据有限个评价对象与理想化目标的接近程度进行排序的方法，实际工作中常用来进行多目标的决策分析。它借助于一个虚拟的最理想方案和最差方案来排序，计算出备选方案与最理想方案和最差方案的距离，最后根据各备选方案对最理想方案的相对接近度由大到小排序。具体过程如下：

第一，确定链节点初始排序矩阵。受访者根据自身的认知，对 n 个链节点的重要性进行排序，得到排序矩阵 $A=(a_{ij})_{n\times n}$。其中，a_{ij} 为将第 j（$j=1$，2，$\cdots$，n）个链节点排在第 i（$i=1$，2，$\cdots$，n）位次的受访者百分比。

第二，确定排序指标的权重。在有 n 个链节点时，对排序 1，2，$\cdots$，n 赋值 n，$n-1$，$\cdots$，1，再对各排序的赋值进行归一化处理，得到排序的权重 λ_i。

第三，确定链节点的加权平均值排序矩阵 B。$B_{ij}=(x_{ij})_{n\times n}$，$x_{ij}=\lambda a_{ij}$。

第四，确定最理想链节点和最差链节点。根据权重规格化值来确定虚拟的最理想链节点和最差链节点为 $x_j^+=max(x_{ij})$，$x_j^-=min(x_{ij})$（$j=1$，2，$\cdots$，n）。

第五，确定各链节点与最理想链节点及最差链节点间的欧氏距离 S_i^+ 和 S_j^-：

$$S_j^+=\sqrt{\sum_{j=1}^n(x_{ij}-x_j^+)^2}\qquad S_j^-=\sqrt{\sum_{j=1}^n(x_{ij}-x_j^-)^2}$$

第六，计算各质量链链节点与最理想链节点的相对接近程度 C_i：

$$C_i=\frac{S_i^-}{S_i^++S_j^-}$$

第七，根据各链节点的相对接近程度对其由大到小排序。

6.1.2　数据来源和样本情况

本书所用数据由山东农业大学经济管理学院的大学生于 2012 年暑假期间对苹果适生区果农、专业合作社、果品公司及有关超市的问卷调查所得。山东省是我国渤海湾苹果主产区的重要省份，2012 年，苹果产量为 871.04 万吨，占全国总产量的 22.05%。目前，苹果产业已发展成为山东省农村经济的重要支柱产业。调查过程：首先，根据供应链环境下无公害优质苹果的形成过程，分别从果农、果品公司和超市等优质苹果供应链构成主体的角度，设计苹果质量链及其链节点的调查问卷，内容包括供应链环境下苹果生产环节调查、果品公司收购与贮藏环节调查和超市销售环节调查等 29 个问题。然后，选择责任心强、有一定学识修养的学生进行调查目的、方法技巧、统计口径及注意事项等方面的培训，并发放调查问卷 700 份。接着，调查人员直接与受访者面谈，现场填写调查问卷。对应于调查问卷，受访对象分别是已经与果品公司建立了订单合作关系的果农及果品专业合作社、已经与果农及果品专业合作社和超市建立了合作关系的果品公司、已经与果品公司或果品专业合作社建立了合作关系的超市。最后，对回收问卷进行认真审核，得到有效问卷 564 份，回收率 80.57％。在选择调查地区时兼顾了各地的苹果生产情况和地域性，涉及山东省 16 个地市（区），其分布状况见表 6 - 1。受访者中，男性占 52.48％，年龄在 46～60 岁的占 62.59％，初中及以上文化程度的超过 79.96％，从事本职业年限 6 年以上的占 84.75％。他们大多熟悉苹果生产、储运及营销的基本要领，对调查所涉及的问题有较好的理解与把握。564 份问卷在全省主要地市的苹果产区分布较为合理，因此，调查数据具有较高的代表性和可信度。

表 6 - 1　受访对象的各地市（区）2012 年产量及样本分布情况

调查点	烟台	威海	淄博	青岛	潍坊	临沂	菏泽	聊城
产量（万吨）	419.34	77.60	60.44	52.81	37.82	60.34	34.31	27.31
样本数（个）	82	48	45	43	37	34	30	28
所占比例（％）	14.47	8.57	7.9	7.61	6.62	6.08	5.37	5.01
调查点	济南	泰安	日照	滨州	德州	济宁	枣庄	东营
产量（万吨）	24.58	15.28	14.58	14.23	9.16	9.27	6.92	5.05
样本数（个）	30	29	31	32	30	25	22	17
所占比例（％）	5.39	5.16	5.45	5.71	5.27	4.52	3.82	3.04

数据来源：山东统计信息网。

6.2　无公害优质苹果质量链的关键链节点的选择分析

6.2.1　无公害优质苹果质量链及其链节点的结构

供应链环境下无公害优质苹果的质量链由产前的建园环节，产中的种植环节，产后的加工、包装、储藏、物流、销售及售后服务等多环节的质

量管理构成，每个环节的质量都会对最终的果品质量产生综合的影响效
果。无公害优质苹果质量链正是为满足顾客对无公害优质苹果的需求，通
过供应商按统一质量标准在果农、果品企业、分销商及最终用户之间建立
的能从整体上提升果品供给质量的一条敏捷、畅通、受控、优化的质量链
路径。在整个无公害优质苹果的生产和流通过程中，建园管理、种植管
理、采后处理、储运销售四大环节直接影响到无公害优质苹果质量的形
成，本书将其称为无公害优质苹果质量链的一级质量链的链节点。在一级
质量链节点内部，又包括许多与质量形成的相关活动，本书分别将其称为
二级质量链的链节点、三级质量链的链节点（图6-1）。一级、二级、三
级链节点既独立发挥作用，又相互联系、相互影响、相互协调，形成耦合
效应，产生形成无公害优质苹果质量体系、减少苹果质量波动、控制苹果
质量损失和培育苹果质量信誉的整体功能。而关键链节点处于质量形成的
核心流程，对关键质量特性有决定性影响，是制约果品质量提高、影响果
品质量链运行绩效提升的瓶颈。质量链管理的实质，就是对关键链接点的
选择和控制。

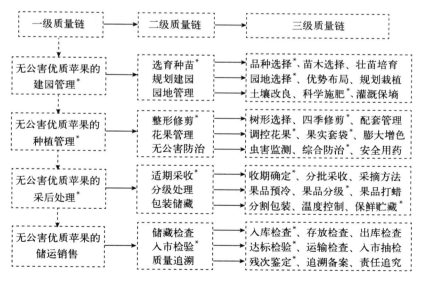

图6-1　无公害优质苹果质量链及其链节点的构成

*表示分析得出的各级质量链的关键链节点

6.2.2　无公害优质苹果质量链一级链节点的重要程度分析

建园管理、种植管理、采后处理、储运销售是无公害优质苹果质量链的 4 个一级链节点。调查问卷要求受访者对这 4 个一级链节点按重要程度依次排序，然后将 4 个排序分别赋值 4、3、2、1，通过归一化处理得到权重分别为 0.4、0.3、0.2、0.1，权重与初始排序矩阵相乘得到排序加权平均矩阵；基于排序加权平均矩阵，利用公式计算得出 4 个一级链节点对最理想链节点的相对接近程度并排序（表 6-2）。

表 6-2　无公害优质苹果质量链一级链节点的相对重要性排序

排序	权重 λ_i	加权平均矩阵 B（$B_{ij}=\lambda A_{ij}$）				理想节点 x_n^+	最差节点 x_n^-
		建园管理	种植管理	采后处理	储运销售		
1	0.4	0.237 5	0.112 5	0.037 5	0.025 0	0.237 5	0.025 0
2	0.3	0.075 0	0.140 6	0.046 9	0.028 1	0.140 6	0.028 1
3	0.2	0.025 0	0.037 5	0.093 8	0.037 5	0.093 8	0.025 0
4	0.1	0.003 1	0.006 3	0.028 1	0.065 6	0.065 6	0.028 1
理想距离 S_j^+		0.006 5	0.011 2	0.025 1	0.030 5	一级链节点排序	
最差距离 S_j^-		0.024 0	0.010 5	0.002 6	0.000 8	建园管理 1	种植管理 2
接近程度 C_j		0.786 9	0.484 2	0.094 5	0.025 0	采后处理 3	储运销售 4

基于表 6-2 综合排序结果，综合苹果生产相关主题的现实情况，本书将建园管理、种植管理、采后处理定为供应链环境下苹果质量链的一级关键链节点。

（1）建园管理

建园管理主要包括选育种苗、规划建园、园地管理三个生产环节。作为苹果高产、优质、高效的遗传基础，选育种苗应当首先选择品质优良、商业前景好的品种。而规划建园是建设无公害果园的一个基本前提。园地管理则是为了满足苹果树大根深，一生中长期从固定范围的土壤中吸收大量的水分、养分，并合成和贮藏新的物质等生命活动的需要。因此，品种的选择和建园质量、果园管理的好坏对苹果产量、质量、果树的寿命都有直接的影响。

（2）种植管理

种植管理主要包括整形修剪、花果管理、无公害防治三个生产环节。整形修剪有利于早成花、早结果、早丰产。花果管理是形成产量、获得收益的源泉。无公害防治是无公害优质果品生产的关键。

（3）采后处理

采后处理主要包括适期采收、分级处理、包装储藏三个生产环节。做好适期采收，才能达到果实的食用品质最佳、贮藏寿命最长。分级处理即有利于果品的定价销售又能有效地防止病虫害的扩展与传播。包装储藏是延长苹果的货架期、减少各种损耗、确保果品质量安全所采取的一系列保鲜措施。

6.2.3　无公害优质苹果质量链二级链节点的重要程度分析

建园管理二级链接点的计算结果表明（表6-3），选育种苗对最理想的相对接近程度明显高于规划建园、园地管理，再结合苹果生产特点与实地调查结果，本书将选育种苗作为建园管理的二级关键链节点。同理，种植管理二级链接点的分析结果显示，整形修剪对最理想的相对接近程度明显高于无公害防治、花果管理，加之无公害防治需要建立在整形修剪、果实套袋、虫害检测、安全用药、综合防治等整套无公害种植技术基础之上，因此本书这里将整形修剪作为种植管理的二级关键链节点。采后处理二级链接点的分析结果表明，适期采收对最理想的相对接近程度明显高于分级处理、包装储藏，本书将适期采收作为采后处理的二级关键链节点。储运销售这一一级链节点包括储藏检查、入市检验、质量追溯3个二级链接点。分析结果表明，入市检验对最理想的相对接近程度明显高于储藏检查、质量追溯，本书将入市检验作为储运销售的二级关键链节点。

表6-3　无公害优质苹果质量链二级链节点的相对重要性排序

一级链节点	1	2	3	一级链节点	1	2	3
建园管理	选育种苗	园地管理	规划建园	种植管理	整形修剪	无公害防治	花果管理
S_j	0.848 3	0.233 9	0.083 2	S_j	0.586 5	0.481 6	0.158 0
采后处理	适期采收	包装储藏	分级处理	储运销售	入市检验	储藏检查	质量追溯
S_j	0.898 4	0.117 6	0.032 8	S_j	0.912 7	0.186 2	0.087 3

6.2.4 无公害优质苹果质量链三级链节点重要程度分析

二级链节点包括选育种苗、规划建园、园地管理、整形修剪、花果管理、无公害防治、适期采收、分级处理、包装储藏、储藏检查、入市检验、质量追溯 12 个链节点，每个二级链节点又包括了 3 个三级链节点。①选育种苗。包括品种选择、苗木选择、壮苗培育 3 个三级链接节点，计算结果表明（表 6 - 4），品种选择对最理想的相对接近程度明显高于苗木选择、壮苗培育，本书将品种选择作为选育种苗的三级关键链节点。调查结果显示，95.16% 的受访者认为品种选择的好坏对于果品质量的优劣具有重要影响。②规划建园。包括园地选择、优势布局、规划栽植 3 个三级链接点，分析结果将园地选择作为规划建园的三级关键链节点。③园地管理。包括土壤改良、科学施肥、灌溉保墒 3 个三级链接点，分析结果将科学施肥作为园地管理的三级关键链节点。④整形修剪。包括树形选择、四季修剪、配套管理 3 个三级链接点，分析结果将四季修剪作为整形修剪的三级关键链节点。⑤花果管理。包括调控花果、果实套袋、膨大增色 3 个三级链接点，鉴于花果管理在无公害优质苹果质量形成过程中的重要程度，分析结果将调控花果、果实套袋作为花果管理的三级关键链节点。这是因为调控花果有助于提高果树的坐果率和克服大小年现象，而果实套袋能够促使果皮细腻光洁，使红色品种果实的花青素迅速增加，色泽艳丽均匀，从而显著提高果实的外观质量。调查结果显示，有 94.65% 的受访果农采用了果实套袋技术进行花果管理。⑥无公害防治。包括虫害监测、综合防治、安全用药 3 个三级链接点，分析结果将综合防治作为无公害防治的三级关键链节点。不过 564 份问卷调查结果显示，62.76% 果农对无公害综合防治的操作规程没有清楚地认识，一味靠主观经验通过药物防控的方法抑制病虫害种群数量，难以达到"安全、效佳、经济"的目的。⑦适期采收。包括收期确定、分批采收、采摘方法 3 个三级链接点，计算结果将收期确定作为适期采收的三级关键链节点。⑧分级处理。包括果品预冷、果品分级、果品打蜡 3 个三级链接点，分析结果将果品分级作为分级处理的三级关键链节点。⑨包装储藏。包括分割包装、温度控制、保鲜贮藏3个三级链接点，分析结果将保鲜贮藏作为包装储藏的三级关键链节点。调查结果显示受访果农的苹果入库储藏率高达58.42%以上，现有的贮藏能力基本可以满足果农果品储藏的需求。⑩储藏检查。包括无公害苹果的入库检查、存放检查、出库检查3个三级链接点，由于入库检查是无公害优质苹果质量达标的前提和基础，结合统计分析结果将入库检查作为储藏检查的三级关键链节点。⑪入市检验。包括无公害苹果的达标检验、运输检查、入市抽检3个三级链接点，分析结果将达标检验作为入市检验的三级关键链节点。从理论上讲，无公害优质苹果的最大卖点，就在于能否真正达到无公害优质苹果的质量要求，只有符合了相关质量标准，让消费者吃得放心、吃得开心，才能将其商业价值真正体现。⑫质量追溯。包括无公害苹果的残次鉴定、追溯备案、责任追究3个三级链接点，计算结果将残次鉴定作为质量追溯的三级关键链节点。然而调查结果表明仅有10.14%的超市和果品公司拥有果品质量追溯体系，其中绝大多数追溯到当地果品批发市场，追溯到果品原产地直至具体果园的几乎没有。由此可见，果品质量追溯链条较短、果品质量安全责任不够明确，是目前果品质量链管理中最为薄弱环节之一。

表6-4　无公害优质苹果质量链三级链节点的相对重要性排序

二级链节点	1	2	3	二级链节点	1	2	3
选育种苗	品种选择	苗木选择	壮苗培育	规划建园	园地选择	优势布局	规划栽植
S_j	0.838 9	0.103 3	0.092 9	S_j	0.877 3	0.122 7	0.105 6
园地管理	科学施肥	土壤改良	灌溉保墒	整形修剪	四季修剪	树形选择	配套管理
S_j	0.777 2	0.660 5	0.222 8	S_j	0.803 2	0.181 7	0.104 0
花果管理	调控花果	果实套袋	膨大增色	无公害防治	综合防治	虫害监测	安全用药
S_j	0.657 1	0.292 1	0.067 1	S_j	0.766 3	0.581 2	0.422 2
适期采收	收期确定	分批采收	采摘方法	分级处理	果品分级	果品预冷	果品打蜡
S_j	0.829 6	0.464 3	0.129 7	S_j	0.855 6	0.385 8	0.215 9
包装储藏	保鲜贮藏	温度控制	分割包装	储藏检查	入库检查	存放检查	出库检查
S_j	0.764 1	0.228 7	0.085 1	S_j	0.877 4	0.204 1	0.122 6
入市检验	达标检验	运输检查	入市抽检	质量追溯	残次鉴定	责任追究	追溯备案
S_j	0.818 2	0.136 1	0.090 8	S_j	0.850 7	0.261 4	0.138 9

6.3 无公害优质苹果生产质量链关键链接点的耦合机制分析

系统耦合机制是指两个或更多系统之间通过各种方式相互作用而彼此影响以至联合起来的现象，是在各个子系统间良性互动的基础上形成的相互依赖、相互协调、相互促进的动态关联关系。无公害优质苹果生产质量链关键链节点耦合机制，是指苹果供应链上各相关主体的各级关键链节点基于苹果质量安全的相互联系和相互作用关系。而采取有效措施，促进苹果生产质量链关键链节点耦合机制的形成，是苹果质量链管理的又一关键。供应链环境下苹果生产质量链关键链节点的耦合机制是由质量链整体耦合、各级关键链节点内部耦合和各级关键链节点间耦合叠加而成的复合结构关系。具体包括质量链整体耦合以及关键链节点耦合，其中关键链节点耦合又包括各级关键链节点间的纵向耦合和各级关键链节点内部的横向耦合两个层次。它们在不同层面上独立作用，又互相关联、协调耦合，共同影响苹果的质量安全水平。

6.3.1 供应链环境下苹果生产质量链整体耦合的机制

从系统内部的推动因素来看，供应链环境下苹果质量链链节点整体耦合系统演进的根本动力是相关主体对目标利益的追求，而满足消费者需求是苹果供应链整体利益和各主体目标利益实现的前提。因此，供应链环境下改善苹果质量、提升核心竞争力、主体间竞合双赢和供应链持续发展的目标和愿望等必然会成为苹果质量链链节点整体耦合系统演进的主要内部推动因素。从系统外部的引致因素来看，消费结构的逐渐变化、市场竞争的逐步加剧、农产品市场准入门槛的不断提高是苹果质量链链节点整体耦合系统演进的重要拉动力量，伴随着生产和信息技术进步等诸多因素共同作用，使得供应链环境下苹果质量链链节点整体耦合的进一步演变成为可能。

6.3.2　供应链环境下苹果生产质量链各级关键链节点间的纵向耦合机制

根据供应链环境下苹果质量链关键链节点耦合的内涵，各级关键链节点内部的纵向耦合，包括建园管理、种植管理、采后处理三个一级关键链节点中相邻两者之间的耦合以及二级和三级关键链节点间的耦合。从内因来看，建园管理与种植管理两个链节点的质量行为主要受果农的无公害种植理念和生态环保观念的影响；种植管理与采后处理两个链节点的质量行为主要受合作履约意愿和信用维护意识的影响。从外因来看，果农建园管理、种植管理与采后处理的活动都是基于无公害优质苹果的质量标准要求而进行的资源配置，这些活动又会提高果农的产业组织化程度，从而一定程度上规避了果农的生产经营风险。从二级关键链节点间作用关系看，选种育苗是建园管理的关键环节，外因通过内因发挥作用，好的种苗在开花结果的生长过程中会更赋有内在规律，有利于操作规程的整形修剪和收获季节的适期采收，而且果实的质量通常也能得到可靠的保证，更容易通过销售过程的入市抽检。总之，在内外因素共同作用以及供应链运转良好的状态下，果农会不断改进种植管理行为，因地制宜地选种育苗，按无公害标准的要求科学施肥，精心整形修剪，合理调控花果，择机实施果实套袋，力争对果园病虫害做到综合防治，并做好适期采收和果品储运销售工作，为果品分级、保鲜贮藏及上市销售工作做好铺垫。最终，通过增强无公害苹果品牌效应和市场竞争力进而增加果农的种植收益。

6.3.3　供应链环境下苹果生产质量链各级关键链节点内部的横向耦合机制

（1）建园管理链节点的内部横向耦合机制

建园管理链节点的内部横向耦合机制，是指建园管理与品种选择、园地选择和科学施肥三个三级关键链节点之间的相互关联及作用关系。如图6-2所示，建园管理是无公害苹果生产的基础，是规范化管理、标准化生产的必然要求，无公害果园应建于生态农业区内，并具备一定的生产规模和产地环境条件。无公害苹果生产的园地应选择在苹果适生区内，周围不能有对环境造成污染的工矿企业，只有果园大气、土壤、灌溉用水均能达到相关检测标准的园区方能定为无公害苹果生产基地。从优质高产的角度而言，苗木品种的选择是无公害优质苹果生产的基础，但品种选择应在园地选择的基础上进行，首先要选择市场前景好、品质优良的品种，但是不同品种要求的生态条件不同，只有满足与园地气候、土壤等生态条件相适宜的品种，才能充分表现出品种的良好性状，做到高效栽培、丰产高产。科学施肥的目的在于保持或增加果园土壤的肥力，为优良的种苗长期生长打下良好的基础，最终使优良的果树孕育出丰硕的果实。

（2）种植管理链节点的内部横向耦合机制

种植管理链节点的内部横向耦合机制，是指种植管理与四季修剪、调控花果、果实套袋和综合防治四个三级关键链节点之间的相互关联及作用关系。如图6-2所示，科学的种植管理首先要做到科学的整形修剪，要通过了解果园的栽植密度，确定应该采用的树形；通过摸清要进行修剪果树所处的年龄阶段，确定要采用的修剪方法；通过整形修剪、伺机修剪力争使果树成形快、高产、稳产并便于管理。四季修剪是整形修剪的关键，因为四季修剪有利于早成花、早结果、早丰产。调控花果、果实套袋是种植管理中花果管理的关键，花果数量和质量直接决定着苹果高产、优质、高效及生产的可持续性。通过对花果进行细致管理和精心调控，不仅有利于维持较高的坐果率和果品品质，而且有利于对果实实施套袋管理。果实套袋可以更好地维护调控花果的胜利果实，是生产无公害优质苹果的重要措施，它能有效防止果面污染、减少农药残留，提高果实外观质量和品质。综合防治是无公害种植管理的关键，要坚持"预防为主，综合防治"的植保方针和"治早、治小、治了"的植保要求，积极实施生物防治，科学使用化学防治，有效控制病虫害和农药残留。总之，只有将四季修剪、调控花果、果实套袋、综合防治四大关键环节良好的有机结合，加强苹果的种植管理，才能使无公害优质苹果生产的目标真正得以实现。

（3）采后处理链节点的内部横向耦合机制

采后处理链节点的内部横向耦合机制，是指采后处理与收期确定、果品分级、保鲜贮藏三个三级关键链节点之间的相互关联及作用关系。具体如下：收期是否确定恰当直接影响到采后果品的品质及贮藏性，只有确定好最佳采收期，做到适期采收，才能使果实的食用品质最佳、贮藏寿命最长，从而获得更好的经济效益。果品分级有利于果品标准化和商品化销售，同时还能有效防止贮藏期间病虫害的传播与扩展，为保鲜贮藏创造理想的保鲜效果。保鲜贮藏是果品采后维持原有品质的关键，目前常用的果品保鲜贮藏方式可归纳为两类，一类是低温贮藏，即利用自然低温或人工降温的方法，使贮藏环境保持低温；另一类是气调贮藏，即在低温条件下，通过调节贮藏场所中的气体成分，使之达到更好的贮藏效果。问卷调查结果显示受访果农的果品贮藏方式主要以土窑洞、冷凉库等土法贮藏为主，约占 68.16%，冷库贮藏约占 20.72%，气调贮藏仅占 11.12%，而果品采后的商品化处理率不足 2%，冷链物流几乎为零。由此可见，目前国内果品采后处理和冷链物流的水平与国外先进国家相比还相当落后，无公害优质苹果质量链管理水平的全面提高依然任重道远。

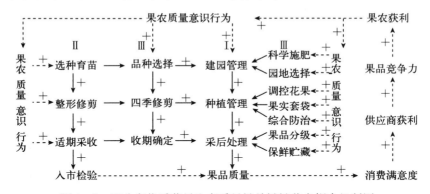

图 6-2　无公害优质苹果生产质量链关键链节点耦合机制图

注：实线表示各级链节点及其耦合因素间直接的作用关系；虚线表示各级链节点及其
耦合因素间作用关系的延续；"+"表示相邻两因素之间存在正向关系。

6.4　结论与启示

本书利用 TOPSIS 模型探索性地对无公害优质苹果质量链关键链接点的选择问题进行了分析。分析结果将建园管理、种植管理、采后处理视为无公害优质苹果质量链的一级关键链节点，选育种苗、整形修剪、适期采收和入市检验视为无公害优质苹果质量链的二级关键链节点，品种选择、园地选择、科学施肥、四季修剪、调控花果、果实套袋、综合防治、收期确定、果品分级、保鲜贮藏视为无公害优质苹果生产质量链三级关键链节点。并在此基础上利用因果分析法和图析分析法，分别从无公害优质苹果质量链整体耦合机制和关键链节点耦合两个层次剖析了无公害优质苹果生产质量链的耦合机制。从总体上看，果农在苹果质量链三级关键链节点表现出的良好质量行为能够直接作用于相应的一级关键链节点，进而影响到一级链节点果农的质量行为，使苹果质量得到改善，消费者满意度和供应商获利水平得以提高，果品综合竞争力得以增强，供应链整体利益得以提升，果农种植收益得以增加，从而强化果农的无公害种植意识和行为并加强其对三级关键链节点的质量管理。供应链环境下苹果质量链耦合是一个从低级有序结构逐步向高级有序结构演进的过程，即耗散结构形成过程。无公害优质苹果的生产正是苹果质量链中建园管理、种植管理、采后处理、储运销售众多环节的诸多要素与活动有机耦合的结果。

加强无公害优质苹果质量链管理是当前苹果产业转型升级的方向所在，但是供应链环境下的苹果质量链建设与管理在国内尚不完善。为此，应重点从以下四个方面入手建设健全、畅通、稳健的无公害优质苹果质量链：①优化无公害优质苹果质量链经营主体的组织结构。当前，由于广大果农普遍种植规模较小、生产经营较为分散，一定程度上限制了收购商的收购规模和数量，导致经营主体之间难以达成稳定合作关系。因此政府应立足于促进农业生产规模化、生产经营主体企业化，大力发展各类农民合作经济组织，提高农业生产的组织化程度，积极推进供应链环境下无公害优质苹果质量链的运作管理能力。②通过宣传教育、营造良好的供应链文化氛围，增强经营主体的行为能力。通过推进标准化苹果示范园的建设、必要的技术支持和专业培训、适当的资金扶持和有效的奖惩措施，不断提高无公害优质苹果质量链关键链节点相关主体的品种选择、科学施肥、四季修剪、果实套袋、适期采收、果品分级等行为能力。③健全法律法规，加强质量安全追溯体系的建设。通过建立从源头到餐桌统一权威的食品安全监管机构，完善果品质量标识和原产地可追溯制度的建设，敦促无公害优质苹果质量节点相关主体的质量行为逐步规范和优化。④通过品牌化销售和准确的市场定位，为质量链的通畅、稳健运行营造良好的外部环境。要依托合作社或果品公司以品牌化销售为手段，努力加强无公害产地认定和产品认证、果品分等定级、保鲜贮藏、冷链运输和入市检验等质量链关键链节点的规划管理，积极调整市场定位，全面推进海外出口市场、大中城市超市、宾馆饭店、大型企事业单位等中高端市场开发和供应工作。

7 山东苹果产销流通效率及其运行机制研究

农产品流通连接着农产品的生产与消费，关系到城乡居民食品支出和生活稳定，是一项重要的民生和惠农工程。目前我国农产品流通产业总规模已达 10 万亿元，作为融合采购、运输、贮藏保鲜、批发、零售、国际贸易的复合性产业，已从国民经济的末端步入先导，成为事关国民经济健康发展的重要产业。然而近年来我国鲜活农产品价格波动较大，从田间到餐桌，季节性、区域性"贱卖与贵买"问题时有发生，给流通经济和城乡人民生活带来了诸多不利影响。究其原因主要是当前农产品流通中普遍存在着产业规模小、流通环节多、流通成本高、效率低、产销衔接不畅及价值分配错位等一系列问题。要有效解决上述问题，就必须首先对影响农产品流通效率的主要因素及其运行机制进行深入研究。对此国外学者较早进行了探究。Ari-Pekka（2003）、Fearne（2003）等学者认为，农产品流通渠道过长制约了农产品流通效率。Jones（2007）认为，农产品流通基础设施不健全，制约了农产品流通的速度和效率。部分学者认为，农产品市场化程度低、农产品流通组织程度低制约了农产品流通效率（Fearne and Hughes，2002；Wang，2002；Pan and Kinsey，2002）。为此，学者提出应缩短农产品流通渠道以加强流通成本管理（Lindgreen，2003；Hadjikhani，2005），减少流通环节中的损失（Sachan，2005），提高物流技术及相关基础设施水平（Kliebenstein，2002），进行农业"纵向协调"，加强农业产业链上下游合作来提高流通效率（Palmer，1996；Wathne，2004）。国内学者对农产品流通效率及提升对策也进行了广泛研究。欧阳小迅、黄福华（2011）认为，在农产品流通效率的决定因素中，农村物流基础设施、物流主体素质与农村信息化水平表现出显著正效应。苏威（2012）、张雯丽（2014）认为，加强我国农产品批发市场建设，是提升农产品流通效率的关键。部分学者认为，加强农产品市场流通网络建设，健全农产品流通体系（杨启荣，1995；柯炳生，2003；陈幼红，2010），通过龙头企业整合、管控产业链，构建从田间到餐桌的全流通体系，能促进我国农产品流通效率的提高和流通产业的全面升级（张晓林，2013）。总体来看，国内外对农产品流通效率的影响因素及其提升对策的研究日渐增多，取得了较多颇有价值的研究成果，但大多采用的是描述性的定性分析方法，而较少运用建模方法进行实证分析，这通常容易导致研究结果缺乏足够的解释力。从研究对象来看，主要涉及粮食、蔬菜、畜禽等农产品，而较少关注水果。基于此，本书运用结构方程模型，选取苹果产业为调查对象，通过对苹果产销流通效率的主要影响因素及其运行机制进行测算和比较分析，来探寻提高苹果产销流通效率的有效路径，进而推进我国鲜活农产品流通效率的提高和产业的升级。

7.1　理论分析及研究假说

7.1.1　理论模型

第一，流通主体的市场认知、契约关系以及信息来源受产销结构、产销规模、产销盈利等产销状况的影响。威廉姆森指出资产专用性、发生的频率和不确定性决定交易特性，而交易特性决定交易方式及交易中所采取的规制结构。通常规模较大、盈利水平较高的产业主体往往具有较高的资产专用性和交易频率，更倾向于与其他流通主体通过契约建立合作关系。第二，产销间隔、衔接方式、衔接渠道的选择等物流特征受流通主体的市场认知、契约关系以及信息来源情况的影响。由于农户对市场交易方式和市场链条认知不足，因而在农产品流通及交易上往往处于弱势地位。当产业链上的利益相关者达成的契约从短契约到长契约、从战略联盟到纵向一体化时，纵向控制水平越来越有利于物流资源的优化配置（Boston et al，2004）。第三，产销流通效率是一个需要综合衡量的指标，受内部和外部多种因素的影响。这里产销流通效率是指从产业组织角度入手，来分析产销主体对有限资源的一种最佳分配方案，它反映产销状况、主体行为、产销衔接与流通效率之间存在的一种密切的逻辑关系，即产销状况决定主体行为特征与规律，主体行为决定产销衔接方式与运行机理，而产销状况、主体行为与产销衔接三者又共同对流通效率产生重要影响的一种密切逻辑关系。从已有的文献中，不难归纳出苹果产销流通效率的影响因素，包括产业链与产销发展状况、产业主体行为、产品特性与流通环节、物流基础设施和条件、政策环境等。在不考虑外部环境的情况下，本书认为，苹果产销流通效率受产销状况、主体行为以及产销衔接的影响，并根据简效原则构建影响苹果产销流通效率的结构路径。

7.1.2 研究假设

要把握苹果产销流通的作用机理，关键是厘清苹果产销流通效率影响因素的结构路径，这就涉及分析各利益主体行为决策动机方面的问题。依据计划行为理论，在苹果流通中各利益主体均以利益或效用最大化为目标，果农希望能以较好的价格售出苹果，以弥补其种植到收获苹果过程中所投入的人力、化肥、农药、套袋等费用；收购商希望以较低的成本购进优质的苹果产品，并通过加工、贮藏、运输、保鲜等手段提高苹果产品的市场竞争力，再以高价销售，赚取购销差价，以弥补其运输、人力、库存及损耗等成本；终端市场上的消费者则要求苹果产品供应充足、味道鲜美、价格合理、质量安全可靠。可见，苹果产销流通效率的提高是果农、收购商、加工商、销售商以及消费者共同追求的目标。综上提出如下假说：

假说1：产销状况分别对主体行为和流通效率有正向影响。苹果的种植结构、苹果的供给规模、当前和以往苹果盈利水平会影响产销状况。而产销状况决定主体行为特征与规律，对经营主体而言，如果一定时期苹果的产销状况越好，那么经营主体行为的积极性就会越高，从而促进流通效率的提高。此外，产销状况越好，经营主体的生产投入会进一步加大，经营规模趋向于扩大，经营主体之间契约关系越容易达成，交易的频率也会不断提高，从而促进流通效率的不断提高。

假说2：良好的主体行为分别对产销衔接和流通效率有正向影响。主体行为决定产销衔接方式与运行机理，如果一定时期内经营主体有合约方式作保障、有可靠的信息来源以及对产业整体发展前景看好，那么生产主体更倾向于通过契约与销售主体建立合作关系，产销衔接的水平就会自然得到提高，从而促进流通效率的提高；反之，则会对系统运行产生不利影响。同时，良好的合约关系也会约束主体的经营行为，通过合约的延续、战略联盟、纵向一体化等更紧密协同方式促进产销衔接和流通效率的不断提高；反之，则难以达到促进产销衔接和流通效率提高的效果。

假说3：产销衔接对流通效率有正向影响。产销的衔接方式、衔接渠道、产销间隔会直接影响产销衔接，而产销衔接又会对流通效率产生重要影响。例如不同的物流方式会影响物流的进程，经营主体对市场前景的判断会影响苹果的仓储的数量和时间，果农自行销售、收购商收购以及农超对接等不同的衔接渠道都会对流通效率产生重要影响。

经过模型调整和变量甄选，舍去收购价格、交易费用、流通差价等受苹果产区和品种影响较大的指标，最终选取的自变量和因变量。自变量由三部分组成，第一部分为产销状况（X_1），主要包括产销盈利（X_{11}）、产销规模（X_{12}）、产销结构（X_{13}）；第二部分为主体行为（X_2），主要包括主体态度（X_{21}）、合约方式（X_{22}）、信息传递（X_{23}）；第三部分为产销衔接（X_3），主要包括衔接方式（X_{31}）、产销间隔（X_{32}）、衔接渠道（X_{33}）。因变量为流通效率（X_4），主要包括生产投入（X_{41}）、加工储藏（X_{42}）、消费需求（X_{43}）。

7.2 数据来源与研究方法

7.2.1 数据来源

本书所用数据由山东农业大学经济管理学院的大学生于2013年暑假期间对苹果适生区果农、专业合作社、果品公司及有关超市进行实地调查所得。调查分为两个阶段：首先，从果农、果品公司和超市等优质苹果供应链构成主体的角度，设计苹果产销流通过程的调查问卷，内容包括供应链环境下苹果生产环节调查、果品公司收购贮藏环节调查和超市销售环节调查等问题，课题组先在烟台市下属的栖霞、招远、莱州3个县级市选择

40 户苹果种植户展开实地走访，进行预调研，获得苹果产销流通过程的感性认知，并对问卷进行修改和完善；然后，选择责任心强、有一定学识修养的学生进行调查目的、方法技巧、统计口径及注意事项等方面的培训，并发放调查问卷 240 份，在选择调查地点时，主要考虑苹果种植较为密集的地区，范围涉及山东省东部、中部的烟台、威海、淄博、青岛、潍坊、临沂和菏泽 7 个地级市。2013 年，山东苹果产量为 930.47 万吨，占全国总产量的 23.45%，上述 7 个样本市占山东苹果产量的 80.51%，已发展成为山东苹果种植的主产区。调查过程采用调查人员直接与受访者面谈，现场填写调查问卷的方式。调查问卷的受访对象分别是已经与果品公司建立了订单合作关系的果农及果品专业合作社、已经与果农及果品专业合作社和超市建立了合作关系的果品公司、已经与果品公司或果品专业合作社建立了合作关系的超市。最后，对回收问卷进行认真审核，得到有效问卷 207 份，回收率 86.25%，其分布状况见表 7 - 1。受访者的年龄范围为 35～60 岁，初中及以上文化程度的超过 75.64%，男性占 46.76%，从事本职业年限 10 年以上的占 82.57%。他们大多熟悉苹果生产、储运及营销的基本要领，对调查所涉及的问题有较好的理解与把握，207 份问卷在山东苹果主产区的地市分布较为合理。因此，调查数据具有较高的代表性和可信度。调查问卷由两部分组成，第一部分是调查地区、样本数量及有关被调查者人口统计特征方面的指标，第二部分是果农、果品收购商、果品公司、超市的基本情况及其对经营状况、物流特征、流通效率有关评价方面的指标，并通过 Liker5 点量表测量有关研究变量方面的指标。

表 7 - 1　2013 年受访对象的地市（区）产量及样本分布情况

调查点	烟台	威海	淄博	临沂	青岛	潍坊	菏泽
产量（万吨）	419.00	83.80	65.53	60.80	47.39	37.81	34.79
样本数（个）	67	35	27	25	22	16	15
所占比例（%）	32.37	16.91	13.04	12.08	10.63	7.73	7.25

7.2.2　研究方法

　　本书根据山东省苹果主产区的产销调查数据，利用 Amos 17.0 软件对苹果产销流通效率主要影响因素及其路径关系进行结构方程分析。结构方程模型（SEM）由瑞典统计学家和心理学家卡尔·乔瑞斯考格及其合作者提出（李卫东，2008），用于进行多变量统计分析。SEM 充分考虑了各变量之间的复杂关系，并用简洁的因子与路径准确描述数据所蕴含的特征及规律，对理论模式做出评价，以检验观测变量与潜变量之间的假设关系。

7.3　拟合评价与参数估计

7.3.1　测量检验

为确保流通效率运行机制结构方程模型的测量效度，本书采用 SPSS 17.0 软件对产销结构、产销盈利、主体态度、合约方式、信息传递、衔接方式、产销间隔、生产投入、加工储藏、消费需求 12 个测量题项进行探索性因子分析。在进行因子分析前，首先对数据进行 KMO 和 Bartlett 球形检验。检验结果如下：KMO 值为 0.787，Bartlett 球形检验值中，近似卡方值为 794.581，自由度为 66，显著性水平为 0.000。在对这 12 个题项进行主成分抽取和正交旋转后，所有题项的累计方差解释量为 60.52%，且所有题项在各自因子上的载荷都大于 0.5，说明本书的研究量表适合做因子分析。

7.3.2　信度与效度检验

本书采用 Cranbach's a 系数作为信度检验的测量指标，从 SPSS 17.0 的输出结果看（表 7-2），所有潜变量的 Cranbach's a 系数均大于 0.7，具有较高的信度，说明量表的可靠性和稳定性较好。效度检验分为收敛效度和区别效度检验，由表 7-2 看出，各潜变量的平均差异萃取量 AVE 均大于 0.4，说明各潜变量的收敛效度达到了 0.36 的可接受程度。本书中的区别效度采用每个潜变量 AVE 值的平方根和此潜变量与其他潜变量之间的相关系数来检验。表 7-3 中对角线上的数值表示每个潜变量 AVE 值的平方根，而非对角线上的数值表示各潜变量的相关系数，所有对角线上的数值均大于非对角线上的数值，说明测量工具的区别度较好。

表 7-2　苹果产销流通效率聚合效度分析

潜在变量	测量变量	因素负荷量	Cranbach's a	组合信度	AVE
产销状况	产销结构	0.537	0.717	0.701	0.443
	产销规模	0.725			
	产销盈利	0.718			
主体行为	主体态度	0.637	0.701	0.669	0.403
	合约方式	0.586			
	信息传递	0.678			
产销衔接	衔接方式	0.815	0.858	0.860	0.672
	产销间隔	0.827			
	衔接渠道	0.817			
流通效率	生产投入	0.846	0.740	0.752	0.508
	加工储藏	0.688			
	消费需求	0.58			

表 7-3　各潜变量之间的相关系数矩阵

	产销状况	产销衔接	主体行为	流通效率
产销状况	0.666			
产销衔接	0.036	0.820		
主体行为	0.573	0.653	0.635	
流通效率	0.588	0.150	0.256	0.713

7.3.3　模型拟合度及假说检验

本书运用 AMOS 17.0 软件对研究假说和结构方程模型进行检验，结构方程模型的稳定性如何以及是否很好地拟合了调查数据，往往需要不同的模型评价指数进行综合评价。包括：卡方检验（χ^2/df）、模型拟合指数（拟合优度指数（GFI）、修正的拟合优度指数（AGF1））、替代性指数（非集中性参数（NCP）、比较拟合指数（CF1）、近似误差均方根（RM-SEA）、赤池信息准则（A1C））、残差分析指数（RMR）4 个方面。图 7-1 为苹果产销流通效率运行机制结构模型的路径系数图，表 7-4、表 7-5

分别是模型拟合优度和假设检验的结果，本书模型拟合度结果为软件提示修正后得到的结果。

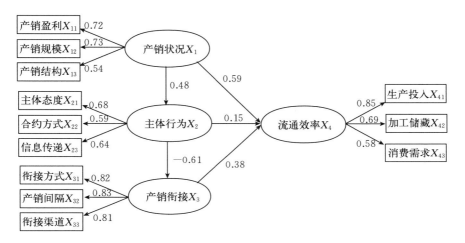

图 7-1 最终的标准化路径系数

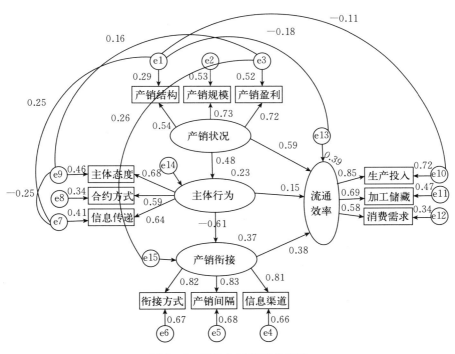

图 7-2 结构方程模型关系图

表 7 - 4　模型拟合度评价

指标	卡方检验 χ^2/df	模型拟合指数		替代性指数				残差分析 RMR
		GF1	AGF1	NCP	CF1	RMSEA	AIC	
实际值	0.962	0.966	0.939	0.000	1.000	0.000	111.37	0.051
判断准则	<2	>0.9	>0.9	越小越好	>0.9	<0.05	越小越好	<0.08

由表 7 - 4 可知，苹果产销流通效率运行机制结构方程模型各项拟合指数均有良好的表现，因而，可认为苹果产销流通效率运行机制的理论模型假设获得了较好的支持。根据 Amos 输出结果的模型修正状况，从其所提示的修正方式来看，提高效果最好的修正措施为添加生产投入和产销结构、产销结构和信息传递、产销结构和流通效率、产销衔接和产销盈利、主体态度和信息传递之间的协方差关系，可以降低卡方值 33.6，此种共变量的界定符合测量模型的假定且存在理论上的合理性和一定的经济意义，因此可设定释放此项的参数估计，对模型的修正成立。

表 7 - 5　假设检验结果

路径	路径系数	S.E.	t 值	P 值	检验结果
H1：产销状况→主体行为	0.484	0.200	3.954	***	支持
H2：产销状况→流通效率	0.588	0.277	4.068	***	支持
H3：主体行为→产销衔接	−0.612	0.188	−4.571	***	支持
H4：主体行为→流通效率	0.147	0.177	0.975	0.330	不支持
H5：产销衔接→流通效率	0.376	0.105	3.008	***	支持

注：*** 表示 $P<0.01$。

由表 7 - 5 可知，产销状况对流通效率的路径系数为 0.588，P 值小于 0.01，说明苹果的品种结构、规模和盈利水平等因素对苹果流通效率有着直接且显著的影响。例如作为我国主栽品种的红富士由于深受广大消费者的喜爱，从而导致其市场占有率不断上升、利益主体获利丰厚、种植规模不断扩大，在苹果流通市场上保持了长盛不衰的地位，投入产出效率始终较高。

产销衔接对流通效率的路径系数为 0.376，P 值小于 0.01，说明产销衔接对苹果流通效率的影响虽不及产销状况，但也对苹果流通效率产生了较为显著的影响，这与现实情况较为符合。现阶段果农物流方式和模式有限、收购商以个体运销为主尚未实现第三方物流、销售商规模不足等因素一定程度上限制了产销衔接对苹果流通效率应有作用的发挥。然而，产销衔接是关乎流通效率最直接的因素，并且物流的技术效率、经济效率和社会效率相辅相成，社会效率的提高离不开技术效率和经济效率的支撑，同时，技术效率和经济效率的实现无不得益于社会效率的提高。因此，应对销售间隔、物流方式和渠道选择进行合理安排，以发挥其对流通的促进作用，从而在实现各自经营利润的基础上，发挥流通调剂余缺的效应，在促进生产、保证供应和满足消费上具有更好的表现。

主体行为对流通效率的路径系数为 0.147，未通过显著性检验，说明流通主体在苹果产销流通市场上的表现对苹果流通效率的促进作用并不明显。根据产业组织理论和制度经济学理论，流通主体的市场认知的提高、契约关系的发展，以及信息来源渠道的拓展，均能转化为产业链内部整合的动力，而产业链的纵向整合有利于促进苹果产销流通效率提高的顺利实现。然而，作为理性的流通主体，利润最大化始终是他们的经营目标，当他们能够准确把握市场之后，若没有较好的政策规范和行业规制，则会倾向于通过契约关系与其他主体结盟，或通过产业链控制对上游或下游产业主体进行利益盘剥，以及通过逆市场需求安排产销时间，从而不利于生产的保障、原料的供应和消费的满足，这也是许多经济学家提出培育产业主体尤其是企业的社会责任感的原因之一。

主体行为对产销衔接的路径系数为 -0.612，P 值小于 0.01，说明流通主体在苹果流通市场上的表现不够良好，对产销衔接有着制约作用。问卷调查显示流通主体对苹果市场行情和产业链信息的认知、与其他主体间的契约关系以及信息来源的多寡等问题上存在一定偏差，对销售时间、物流方式和购销渠道的选择仍具有一定的盲目性。当前，由于广大果农普遍种植规模较小、生产经营较为分散，一定程度上限制了收购商的收购规模和数量，导致经营主体之间难以达成稳定的合作关系，从而阻碍了产销衔接的顺畅，增加了库存费用和产品积压的风险。

产销状况对主体行为的路径系数为 0.484，统计上具有较高的显著性。可见流通主体是否以苹果产品经营为主、是否具有较大产销规模以及产销盈利水平的高低，对主体在苹果产品流通中的表现具有较强的正向影响。这与现实情况较为符合，流通主体的发展壮大能够促使其在果品市场上采取更加灵活和有效的方式，如签订契约保证果品供应和销路等，为其扩大盈利空间、保持稳定的市场地位创造了良好的条件。此外，经营规模的扩大促使其提高对市场的关注程度，正如调查所见，规模较大的收购商、果品公司、超市可利用多渠道进行资金筹集、市场开发和果品加工贮藏来规避风险，而规模较小的商贩往往在面对市场波动时显得乏力，对市场缺乏准确的判断、信息流动不畅，以及产业链主体之间缺少必要的联动机制，不利于苹果产品平稳、顺利进入消费领域。

7.4　结论和政策建议

本书在不同流通主体视角下，以计划行为理论为基础、结构方程模型分析方法为纽带，利用山东省 7 个地市（区）207 份苹果产销的调查数据，对苹果产销流通效率的主要影响因素及其运行机制进行了实证分析。研究结果表明，目前苹果产销的运行机制还不够合理，其中产销状况对苹果流通效率和主体行为的影响最为显著，产销衔接对苹果流通效率也具有较为显著正向影响，但主体行为对产销衔接表现出一定的制约作用，一定程度上限制了苹果流通效率的提高。

今后在促进果品流通效率提高和发展的过程中，应重点从以下几个方面着手做好果品流通的管理工作：第一，政府应立足于促进农业生产规模化、生产经营主体企业化、专业生产组织化的建设，积极推进农业生产、流通的科学化管理。要通过采取土地流转和专业化统一服务相结合的经营方式，推进果园规模化经营、创建标准化示范园，来促进经营主体的规模扩大和优质果品种植的规模化。同时，要破解果品市场经营主体之间产销衔接不畅的难题，更好地满足社会需求，还必须对包括果农、苹果收购商、加工商和苹果销售商在内的流通主体进行积极培育，通过宣传教育、营造良好的供应链文化氛围，培育一批组织化程度高、承压能力强的经营主体。借助经营规模的扩大和盈利水平的提高，不断发挥果品流通的各类经济效应，促使果品批发市场从总体上提高运作能力、苹果产销的流通渠道更加适应农业产业化和现代化发展的要求，实现产销环节的有效衔接。第二，要提高经营主体的组织化程度。农业生产经营要实现规模化，迫切需要将众多分散的果农组织起来，鼓励他们加入按企业化模式运营的农业合作组织，集中使用有限的资金、土地、农业机械，统一采购化肥、农药、套袋、专用设备等生产资料，降低单个果农进入市场的交易成本，增强广大果农获取市场信息、参与市场谈判和市场竞争的能力。要培植和壮大一批龙头企业，使之成为带动果品贮存、运输、加工、营销等相关产业发展的重要主体，要通过采用"订单"收购、加工、贮存、运输、贸易的方式来实施"企业＋基地""企业＋专业合作社＋果农"的经营模式，全面提高果农的组织化程度。第三，要通过农产品信息交流平台和物流平台的建立和完善，促进供应链主体间的信息交流与合作。农业专业合作社把农户组织起来之后便具备了准确把握信息的条件，随着农产品流通步入现代化和信息化轨道，市场认知、信息渠道，以及流通主体之间的契约关系，将是影响生产决策及合理安排购销的重要因素，所以应加强农产品信息交流平台及果品流通相关服务体系的建设。通过加强供应链主体间的信息交流和农产品配送服务，充分利用电子商务实现果品的采购、交易、分销及结算过程网络化、电子化，有效衔接果农、苹果收购商、加工商和销售商在内的供应链所有节点，大大节省流通时间、降低流通费用，促进果品流通效率的不断提高。

8 促进山东苹果产业绿色发展的策略和建议

8.1 总体目标

中国苹果产业已经到了转型升级和提质增效的关键阶段，如何走符合中国国情的现代果业发展道路，积极参与世界竞争，实现绿色发展，是供给侧改革的必然要求。面对国内外市场竞争的加剧和加快山东农业产业结构调整的迫切要求，结合产业目前的发展形势，山东苹果产业应着眼于国内外两大市场对苹果产业发展的需求，依靠农业科技进步，不断优化和调整果树的品种和结构，进一步完善与健全市场流通体系，扩大与深化苹果的质量安全的全产业链的管理，强化苹果的产后处理和相关配套企业的发展，以实现苹果产业结构优化升级和高效可持续发展为目标，通过完善产业链，做强价值链，全面提高山东苹果产业的整体水平，促进产业节本增效和果农增收。

8.2 促进山东苹果质量升级和绿色发展应遵循的基本原则

8.2.1 因地制宜，发挥苹果优生区的资源优势，突出果树资源的多样性

要遵循"适地适树"的建园规律，根据树种的生物学特性和立地条件，为各种果树选择最适宜的生态区和种植方式，这是优化苹果生产结

构、促进苹果质量升级时要遵循的最基本原则。通过生产结构调整和优化，实现老果园的改造，逐步使各地苹果适生区果园相对集中，扬长避短、重点突出，建成特有的适度规模化果园和名优特新的苹果产品基地。优化特色苹果的生产布局，突出果树资源的多样性，提升特色苹果产业的发展水平，增加苹果供给的多样性和有效性，促进苹果产业提质增效和果农增收。

8.2.2　根据市场需求进行产业结构调整，延长产业链，做强价值链

当前苹果市场的主要矛盾已从总量不足转为结构性矛盾，供过于求与供应不足并存，矛盾的主要方面在供给侧、生产端。优质、绿色、安全、有机、有品牌、高价值的果品供应不足，不能满足消费需求，而普通的、低档低价值水果产能过剩，出现需求饱和。因此，苹果产业结构的调整要紧盯广大消费者的需求，要根据国内外市场的变化，及时调整产业结构，加强产后加工处理，使苹果产品的数量、品种、质量符合国内外市场的需求，通过延长产业链，做强价值链，提高苹果产业的经济效益。"好苹果"必须是既好看又好吃还安全，山东苹果要使自己的产品脱颖而出，必须树立精品意识、营销意识、服务意识，在全面提高品质的基础上走品牌化的道路，通过大量供给优质、中高档、安全和区域品牌的苹果，满足广大消费者消费升级的需要。

8.2.3　依靠现代农业科技，实现栽培模式的变革和绿色发展

科技创新是推动产业转型升级的根本动力，苹果产业转型升级和绿色发展必须依靠技术进步和科技创新，大力发展省力化栽培模式是产业发展的大势所趋。伴随着劳动力成本的不断攀升，果农高投入、高产出的生产经营模式将难以为继，面对供过于求、市场价格低迷的不利局面，产业发展必将呈现优胜劣汰的现象。以提质增效、科学施肥用药、标准化生产、

机械代替人工为代表的省力化、清洁化栽培模式必将成为产业未来发展的必然趋势。另一方面，要实现绿色发展，就必须强化农户对科学使用农药化肥的认知水平，通过大力宣传科学施肥和用药的原理和技巧，增强广大果农的环保意识，调动苹果种植户清洁生产的积极性。例如矮化密植栽培技术是以机械替代人工的一种劳动节约型技术，有利于科学施肥和用药，有关部门应尽快开发适应不同立地条件的经济适用型机械化工具，为矮化栽培技术的推广应用提供技术保障，以新技术、新产业、新业态、新模式为核心，加快推进苹果产业新旧动能转换。

8.2.4 以信息化为纽带，加强全产业链的信息咨询服务和科学管理及决策水平

千家万户分散的苹果种植户是各类服务的核心瓶颈，必须依靠互联网方式解决。应当以信息化为纽带，加大对果树生产新技术、管理新经验、生产与市场信息等方面的网络培训和指导，同时针对苹果生产劳动密集型和技术密集型的特点，加大对广大果农科学管理和生产的推广力度，进而全面带动农业科技成果转化的应用程度。要加强市场调查研究，预测市场发展趋势和变化情况，加强对农民的信息咨询服务，通过农业信息网站、果品信息交流平台为广大果农了解信息提供有效的途径，解决小生产与大市场脱节的矛盾。

8.3 优化苹果供给的品种结构，满足市场的多元化需求

我国苹果品种单一问题极为严重，2015年富士苹果产量占我国苹果总产量的71%，市场供给品种单一化、同质化现象较为突出。因此，各主产区应当因地制宜积极打造具有当地特色的优势品种和名优品牌，应对广大消费者品种多元化的需求。果树优生区的规划依据，主要是生态条件和种植面积状况，前者包括温度、降水、光照和土壤等，后者包括当地技术水平、栽培历史、资金投入、劳力资源与素质、经济设施等。我国自主

选育品种在生产中所占比例太小，各苹果主产区主栽品种 85% 以上引自国外，如富士系、元帅系、嘎拉系、乔纳金系、津轻系等。我国自育的苹果新品种虽数量不少，如秦冠、华冠、华红、寒富等，但在生产中所占比例太小，占我国苹果栽培的总面积不足 15%。在目前苹果品种中，综合性状超过红富士系的几乎没有，我国应加速优质、耐贮、适于加工的新品种的培育。今后，要科学地选定各树种、品种的最适生态区和适应生态区，相对集中、成规模地连片发展，逐步而又相对较快地形成各主要树种、品种的集中生产地，如名优苹果栽培区。山东应坚持因地制宜原则，发挥区位优势，突出特色产业，在全省范围内形成若干个独具特色的产业化体系。在农业部制订的《全国苹果优势区域发展规划》中，山东将环渤海湾地区和泰沂山区列为苹果优势区，按照新的苹果产业发展观，通过出口带动，走外向型发展的路子，基础好、出口潜力大和效益高的优势区已处主导地位。优势区内的苹果面积和产量占全省苹果总面积、总产量的比例由 1995 年的 28.3% 和 50.5%，分别增加到目前的 65% 和 71%，出口量则占到总出口量的 95% 以上。苹果优势区内主要推广了新红将军、太平洋嘎拉和优系嘎拉等中早熟和中熟品种，其中烟台、威海、青岛等地盛产名优苹果。搞好品种规划、调整品种结构，发展优质苹果品系要结合密植园改造改接红富士优系和其他新优品种，重点发展烟嘎 1-2 号、红将军和加工品种澳洲青苹，力争使早、中、晚熟品种比例达到 5：25：70。晚熟品种重点发展烟富 3 号、中熟品种重点发展粉红女士等，规模发展果型、色相、色调和风味相一致的品系。建立品种博物园和新品种推广示范园，为建立独具特色的山东苹果打下良好基础。在苹果生产结构调整中，要始终贯彻因地制宜的原则，充分发挥自然条件和树种、品种的优势，加强新优品种的引进、选育及现有栽培品种的调整和更新。如苹果要适当减少晚熟品种面积，扩大早熟、中早熟品种栽培，适量发展加工专用品种。为改变中国苹果加工相对落后的局面，充分发挥中国苹果第一生产大国及苹果品种资源丰富多样的优势，有关专家认为应采取以下措施：按照农业部优势农产品区域布局规划的要求，加快苹果品种结构的调整步伐，如苹果应减少富士类苹果的种植面积，适当发展国光、红玉、金冠苹果的生产；培育引进专用果汁加工的优良苹果品种，并采取基地化、规模化、集约化生产的形式加快发展。总之，优化山东苹果的供给结构，就是要努力消除无效供给，增加有效供给，减少低端供给，拓展中高端供给，突出"优质专用""特色优势"果品的生产供给，以提高农业供给质量为主攻方向，由主要满足量的需求，向追求绿色生态可持续、更加注重满足质的需求转变。

8.4 优化苹果的生产方式，多渠道提升苹果产品的生产质量和效益

随着城镇化和老龄化的加剧，果农老龄化的现象日益突出，苹果生产必将由传统的分散经营逐渐向规模经营等方式转变，正如中国工程院院士、山东农业大学教授束怀瑞所言，"目前中国苹果产业已经到了提质增效的关键阶段，走符合中国实际的适度规模经营道路发展现代苹果产业，参与世界竞争，继续稳固我国苹果在世界农产品领域中的话语权，是供给侧改革的必然要求"。苹果的生产方式演化为设施保护栽培、无土栽培、果粮间作、立体栽培等基于综合配套技术的现代栽培模式的生产方式，尤其是果树的设施保护栽培，近几年在山东发展较快，成为果树高效栽培的重要分支和新的经济增长点。从近几年实际情况分析，中高端的苹果优质优价不愁卖，低端的劣果低价销售难，这说明苹果有效供给存在问题，同时随着国外苹果进口量剧增，苹果产业发展的风险在逐渐加大。因此，苹果露地栽培的方式需要补充，有条件的地方，尤其是经济较发达、果树生产较先进的重点产区和城市近郊，要积极稳妥地发展设施栽培，宏观调控应掌握在果树总量的 10% 以内。各地可以根据具体条件，因地制宜地发展其他生产方式，多种苹果生产方式并存，多渠道共同提高苹果产品质量和经济效益，促进苹果产业的绿色发展。

8.5 优化苹果产业的加工结构，完善产品加工标准体系的建设

山东素有"北方落叶果树王国"之美誉。统计表明，近年来虽然苹果

总产量位居陕西之后，但出口量始终位于全国首位。山东果品贮藏、深加工能力位列全国第一，拥有 10 余家大型现代化浓缩汁加工厂，浓缩汁年生产能力达到 50 万吨，果汁饮料超过 5 万吨。建成各类果品贮藏保鲜库 3 000 多座，其中现代化大型气调库 13 座、恒温库 400 多座，总贮量达 90 万吨，为进一步加快苹果加工结构优化的步伐，增加气调贮藏和冷链物流体系的建设，进一步提升果品质量，繁荣农村经济、增加农民收入、保障市场供给发挥着重要作用。目前全国高端苹果的年产量，只占全部苹果产量的 25%，优果率太低是目前全国苹果生产的最大短板。因此，各果区要增加选果线和冷藏库、气调库建设，要消除空白县，并向销区转移，打造"绿色、有机、安全、营养"的苹果品牌，生产出优质苹果。

（1）加强产后加工处理

苹果作为一种鲜活产品，具有生产集中、易腐性强的特点，苹果从树上采摘后，若不及时有效地进行处理就会严重影响质量，因为在常温下存放一天，相当于在冷藏条件下贮存 20 天的质量下降程度，因此必须做好包装、贮藏保鲜和加工等方面的工作。果品采后的处理是提高果品上市质量、增强市场竞争力的重要环节。世界发达国家农产品产值的 70% 以上是通过产后的贮运和加工等环节来实现的，采后产值与采收时产值的比例非常高，美国为 3.7∶1，日本为 2.2∶1，而中国仅为 1.38∶1。发达国家苹果的贮藏能力一般都达到总产量的 80%，而且主要以气调贮藏和恒温贮藏为主，实行采后冷链流通。而中国苹果贮藏能力仅为总产量的 20% 左右，且先进的气调贮藏所占比例很小，远未实现冷链流通。因此要提高山东苹果生产的经济效益，首先要加强产后处理。要扩建适合山东生产实际的小型贮藏库和研究新的贮藏技术，加快恒温库的改造，扩大气调贮藏，以延长供应期。与发达国家相比，山东果品加工品种单一，工艺落后，如苹果脆片、脱水苹果片、苹果酒、苹果醋等加工规模太小。为充分利用现有资源，需开发系列加工品，尤其应在苹果酒、苹果汁等大宗加工品的开发研究上下功夫，重点开发面向国内大众市场的加工品种，引进高酸度适于加工果汁的品种，并扩大加工品种的栽培面积。同时要改进加工工艺，增加产品的附加值。改粗包装为小型化、透明化、精品化、组合化和礼品化包装，提高苹果加工品的市场竞争力。

（2）优化加工专用品种布局

山东省现有苹果产品主要以鲜食为主，加工品种所占比重小，这是限制苹果加工业进一步发展的瓶颈之一。应大力增加苹果果汁业的发展，努力发展果酒、果醋、果酱、果胶、果脯、果干等，形成一定规模的各类苹果加工企业，并以此为龙头，带动苹果行业的持续发展。要在果树专用、兼用加工品种的严格选择上进行较大的调整，选用优良的专用苹果作为酿造、制汁品种，其次在小杂果的加工品种上进行严格的选择。对传统加工工艺进一步改进和提高，由手工工艺提高为机械化自动化生产，产品与世界标准接轨。总的来说，在优化品种结构上，一是要稳定现有面积，运用先进科技和新优品种，按市场需求，注重效益，稳步调整早、中、晚熟品种比例；二是要因地制宜，突出特色，发挥区域和贸易优势；三是加强地方名优苹果开发，突出名优苹果的主导地位；四是根据深加工发展的需求，引进和开发加工专用品种，但需与加工企业签订产销合同，走订单农业的路子；五是加强新优品种的引进和选育，增强后劲和贮备资源。对于果农来说，要因地制宜，循序渐进，要根据新品种对当地气候、水土的适应能力，先从示范点开始逐步展开。在农业逐步市场化的今天，对任何一种有价值的技术改造，都要先深入了解市场再作出正确的决策；要摆脱过去短缺时代的生产模式，根据市场的需求作出正确的生产计划；要加强信息的搜集整理，预测市场前景，在充分把握市场需求的前提下，将优质苹果及时提供给消费者，取得最佳的经济效益。并通过调整苹果出口结构，来促进出口，实现品种多元化和时间均衡化，避免因品种单一和出口时间集中给进口国带来的市场压力和对进口国本地产业的冲击，这样有利于减少与进口国的农产品贸易摩擦和争端，也会减少中国遭遇技术性贸易壁垒的可能性。

（3）调整加工产品结构

改变目前苹果加工主要以浓缩汁、罐头等为主的局面，要紧紧围绕浓缩果汁加工，积极开展苹果深加工，开发高技术含量和高附加值的新产品。山东应大力发展鲜榨果汁、果浆、功能性果汁饮料（双砀饮料、乳酸饮料、SOD饮料等），积极研究和开发果酒、果醋，并利用果皮渣研究开发提取多酚、多糖等功能性成分。注意开发苹果渣生物饲料、膳食纤维等产品。

（4）引进与自主研发先进的果品加工技术和设备

近年来，高温瞬时杀菌技术、真空浓缩技术、膜分离技术、微波技术、无菌贮存与包装技术及相关设备等已在果汁果酒加工领域得到普遍应用。通过引进国外果品加工的新设备和新技术，如果蔬汁无菌大罐装技术、果蔬超低温速冻技术和装备、果蔬冷打浆技术等，可在短期内提高山东果品加工能力，缩短与发达国家的差距。同时，也应加强自我研发能力，开发具有自主知识产权的果品加工设备，如自动罐头杀菌设备、多效蒸发器设备等，提高果品加工关键设备的国产化水平，使苹果加工技术和设备国产化，减少对国外技术的依赖，从而提高苹果加工品的竞争能力。尽快制定与国际接轨的苹果加工制品的优质化质量标准和安全卫生标准，加速苹果加工设备的研制。自 20 世纪 80 年代以来，中国的苹果加工的设备大部分是从国外引进的，这对中国苹果加工业的发展起到了积极的作用，但维修配套问题不好解决。因此，应根据中国实际情况，在对国外引进设备进行消化、吸收的基础上，加速研制自行设计、制造的加工设备，特别是一些小型苹果类的加工设备、果脯蜜饯类产品加工专用设备。

（5）完善产品加工标准体系和加工质量控制体系的建设

发达国家农产品加工企业大都有科学的产品标准体系和全程质量控制体系，多采用 GMP（良好生产操作规程）进行厂房、车间设计，对管理人员和操作人员进行 HACCP（危害分析和关键控制点）上岗培训，并在加工生产中实施 GMP、HACCP 等管理规范。我国在苹果的标准化体系的建设方面与发达国家相比还有不小的差距，目前涉及苹果相关的标准共69 项，从内容来看，检疫方法标准 19 项、生产技术规程标准 17 项、加工产品标准 12 项、质量等级标准 11 项（含地理标志产品 3 项）、贮运流通标准 6 项、检测方法标准 4 项。虽然苹果产业已经初步建立了一系列标准，但是标准还不完善，在苹果采后商品化处理、初加工、加工产品生产技术规程方面有明显缺失。因此，应从苹果产业链的角度出发，集中各环节的专家，系统研究苹果产前、产中、产后的现有标准，按照产业链环节对现有标准进行清理整合，进一步完善苹果产业标准化体系。另一方面，标准的制定必须与时俱进，以往的标准大部分由科研机构制定，缺乏企业的参与，不能很好地反映市场和企业的需求，造成某些标准不切实际，实施困难，标准内容之间不协调等问题。随着苹果贸易渠道不断扩展，现货、期货等交易方式出现，标准在产品交易中的作用凸显，标准制定必须加大生产、贸易一线人员的参与力度，从制定开始，使标准更加接地气。山东现有的部分苹果加工企业已达到 HACCP 的要求，但绝大多数加工企业还没达到此要求，随着果品产业链不断延伸，标准化的范围也不断扩大，亟待建立基于全产业链的标准体系作为技术与贸易的支撑，所以这方面的工作有待进一步完善，要充分发挥标准示范园的示范带动作用，全面推行苹果生产质量安全标准体系的建设。我国是苹果生产大国却不是生产强国，2015 年鲜苹果出口率仅有 1.95%，不仅与美国（17.14%）等主产国相差甚远，也远低于世界平均水平（6.67%），其中最主要的原因是标准化程度太低导致质量和安全水平不达标。苹果品质是决定价格以及市场销路的重要因素，在发展优质品种的同时，还应大力推行生产质量安全标准体系，苹果产业相关标准代表先进的技术，应面向广大果农和企业大力开展宣传和培训，尤其应在施肥用药等生产环节加强操作规程的技术培训与管理，不断提高苹果质量和品质，以适应国外中高端苹果市场的需求，缓解国内市场有效需求不足的矛盾。

（6）加强苹果加工企业间协作

政府应加强对行业的调控，改变无序竞争的混乱局面，科学规划产业发展方向，组建苹果加工行业协会，形成苹果加工行业的"航母"，走集团化道路，既保证原料的共享和统一调度，又保证苹果加工产品的统一协调和互补，还要共同研究开发新技术、新产品，提高苹果加工产品的质量，提高苹果加工企业的抵御市场风险的能力。同时，通过加工企业间协作，搞好加工、贮藏保鲜，促进市场的供需平衡，错开鲜果上市高峰期，增加苹果的附加价值。

8.6 优化苹果产业的营销结构，促进营销组织和营销网络的建设

目前，国际市场上竞争已由单一的产品竞争、价格竞争转变为以系统的营销组合策略获取品牌竞争优势的品牌实力竞争。山东的交通运输设施

十分完备，公路、铁路、水运四通八达。高速公路遍布城乡，公路呈网状结构，能够直接通往乡村的每家每户。现代化的交通条件，必将对山东苹果生产、加工与销售产生重大影响，为开拓国内外苹果市场、搞活苹果流通对推进山东苹果产业发展创造了优越的条件。

（1）加强信息咨询服务和信息交流平台的建设

山东苹果产业要根据自己的优势和产品特色，积极寻找并确定目标市场。山东苹果不仅要畅销国内市场，还要积极开拓海外市场。为此，应重点建立并完善果品生产及其加工产品和生产资料市场监管信息系统，由农业高等院校牵头创建果品信息服务交流平台，开发利用国际国内信息资源，完善信息服务网络，大力推广电脑、电话、电视"三电合一"农业信息综合利用和服务模式；提高果品批发市场现代化水平，在优势产区扶持建设几个规模大、基础设施完善、集电子信息发布、自动报价和电子统一结算管理等多功能于一体的现代化果品交易中心。建立现代物流配送中心，加强公共营销促销服务系统基础设施和组织建设。针对苹果耐储藏、商品化程度高的特点，各地区应积极构建信息共享平台，以信息化为纽带，促进产销衔接，确保苹果市场长期的供需平衡，降低苹果种植户的市场风险。

（2）强化销售网络建设

要通过联营、联销、经销和委托代销等多种形式，建立稳定的销售网络和销售渠道，在乡、镇、县城建立苹果批发交易市场，并在大城市设立直销窗口，开办精品市场、专业市场，要加快果业平台的信息化建设，搞好网上订单和销售，建立一支精干的营销队伍。通过创办苹果营销协会组织，采取走出去、请进来、搭建起一座畅通无阻的产销桥梁。建立起完善的社会化服务体系，为广大果农提供产、供、销、仓储、运全方位的一条龙服务。

（3）健全发展营销组织

龙头企业＋基地＋农户的经济利益共同体。要培植一批经济实力强和带动作用大的龙头企业，依靠龙头企业的带动作用，将分散的种植业、产后处理、贮藏加工业以及相关服务业和营销体系有机结合起来，形成"龙头企业＋基地＋农户"的经济利益共同体，把分散的个体经营组成贸工农一体化的联合组织，实现从小农分散经营到规模化集中经营的转变，以解决目前不断加剧的小生产与大市场之间的矛盾。从目前看，公司与农户的关系主要是市场交换这种初级的利益协作关系。加强果业合作社建设，推广"龙头企业＋合作社＋果农（基地）"经营模式，要培植和壮大一批龙头企业，使之成为带动果品贮存、运输、加工、营销等相关产业发展的重要主体，要通过采用订单收购、加工、贮存、运输、贸易的方式来实施"企业＋基地""企业＋专业合作社＋果农"的经营模式，全面提高果农的组织化程度。

合作型经济组织＋果农。在果区建立行业协会和产品销售合作型中介经济组织，利用经济杠杆把产、学、研等相关单位联合起来，建立完善的社会化服务体系，通过协调各种关系，建立和完善以"利益均沾，风险共担"为核心的利益调节机制，实现优势互补，实行技术、物资、销售一条龙服务，解除果农的后顾之忧。果农以合作经济组织为载体，在自愿、自主、自助、平等的基础上，通过向产前、产后延伸产业链，形成社区性的产业一体化组织或专业性的产业一体化组织。

专业苹果批发市场＋果农。随着苹果批发市场和季节性的珍稀苹果批发市场的发展，为果农和苹果经销者提供了公平交易的场所。由于批发市场具有保护小农利益的机制，果农可获得相对合理的价格，而且具备一定规模的专业批发市场销售范围和销售量都很大，因而催生了传统苹果生产向专业化、基地化和集约化方向发展，由此推动苹果产销一体化经营的发展。

专业合作组织＋龙头企业＋果农。这种模式中，龙头企业也占据着重要的地位。龙头企业要以先进技术为手段，以为果农服务为目标，与果农建立互惠互利的关系。要依靠果农提高苹果质量，拓宽市场，实现企业目标最大化，并最终依靠专业合作组织与农户建立一种平等的、长期的、合作竞争的战略伙伴关系。龙头企业的加入或者组建，是根据组织内部的需要来确定的，它包括了产前的农资供应企业、产中的科研服务企业，以及产后的加工和销售企业。对于各种企业的加入或者组建，专业合作组织可以进行最优化选择，例如产前的农资供应企业，专业合作组织就可以通过竞标的方式来选择价格低、质量好的企业，有条件的专业合作组织也可以采取多种形式组建企业。

8.7 优化苹果产业的技术结构，完善苹果的品牌和质量追溯体系的建设

栽培面积大、产量高是山东果树业的优势，而出口量少、价格低是缺陷。近几年山东苹果国际市场占有率、竞争指数呈上升趋势，山东劳动力成本低的优势有逐渐削弱的趋势。影响山东苹果国际市场竞争力的因素不是价格因素，而是苹果质量与技术含量。目前高端苹果只占总产量的25％，优果率太低是当前山东苹果生产的最大短板。尤其是知名度高的苹果品牌和企业品牌较少，严重制约了山东苹果产业的外向型发展。所以优化苹果产业的技术结构，提高苹果质量是产业转型升级的核心内容。

（1）搞好苹果品牌建设，培育具有独立自主知识产权的主栽品种、特别加工专用品种是调整的重点之一

品牌意味着质量好，质量稳定，一定程度上决定着经营主体的地位和利润，也是企业对产品自我完善、自我约束，不断创新发展的动力。据中国果品流通协会统计：目前全国果品注册商标（包括区域公共品牌和企业品牌）约 11.5 万个，果品区域公共品牌仅 947 个，占比明显偏低。区域公共品牌是基石，企业自主品牌体现价值，做大做强苹果产业，完善苹果的品牌建设势在必行。可采取的措施有：整合全省的育种力量，尽快组建育种协作网；确定育种的中长期目标；加快高新技术与常规技术的结合，形成配套育种技术体系。对山东省果树树种和品种栽培结构优化调整，完成区域化布局。山东是具有悠久历史的苹果生产大省，名牌产品享誉国内外，如"烟台苹果""沂源苹果"等，通过改善苹果质量，赋予老品牌新的内涵，通过特色优势树立品牌、借助龙头企业打造品牌、凭借文化内涵提升品牌、依靠现代科技塑造品牌等多种方式，创造出崭新的品牌产品，势必能大幅提高山东苹果的市场竞争力，保证苹果产业的蓬勃发展。

（2）培育具有独立自主知识产权的抗性砧木

发达国家果树生产已普遍采用无病毒的健康苗木、无性系矮化砧木，使用果树无病毒良种苗木可以增加产量 20％左右、优质果率增加 30％～50％，而山东省目前无病毒良种苗木繁育体系还不健全，国有良种繁殖场

生产的良种苗木不足生产所需苗木的 20%，无病毒苗木只占 2%，并且生产上缺乏可以无性繁殖的优良矮化砧木，导致果树苗木生产混乱，苗木质量无法保证，从而使新建果园投产晚、产量低、整齐性差。所以要加强栽培管理，培育具有独立自主知识产权的抗性砧木，增强树体抗病能力，综合运用生物、物理防治法防除病虫，减少化学农药和激素施用量。

（3）健全发展果品冷链物流体系

我国果品冷链物流发展仍处在起步阶段，规模化、系统化的冷链物流体系尚未形成，与发展现代农业、居民消费和扩大果品出口的需求相比仍有差距。大部分生鲜农产品仍在常温下流通，冷链物流各环节缺乏系统化、规模化、连贯性的运作，在运输与销售环节时常出现"断链"现象，全程冷链的比率过低。突出表现在冷链物流基础设施不足，人均冷库容量仅 7 千克，冷藏保温车占货运汽车的比例仅 0.3%，现有冷库普遍陈旧老化，国有冷库中近一半已使用 30 年以上。因此，加快发展果品冷链物流，已经成为提高出口果品质量，突破贸易壁垒，增强国际竞争力的重要举措。目前，发达国家已经建立了"从田间到餐桌"的一体化冷链物流体系，不仅确保了果品质量，而且提高了经济效益。因此，面对转方式、调结构的历史性机遇，为加快发展果品冷链物流提出了更高要求：①推广现代冷链物流理念与技术。进一步加大对全程冷链重要性的宣传力度，促进果品质量等级化、优质优价，营造品牌果品销售的商业氛围。加强与下游企业的冷链物流对接，稳妥推进冷链物流服务外包，实现果品从产地到销地的一体化物流运作。②完善冷链物流标准体系。重点制定和推广一批果品操作规范和技术标准，建立以 HACCP 为基础的全程质量控制体系。③建立主要品种和重点地区果品冷链物流体系。适应市场需要，选择部分高价值的特色蔬菜、水果推广产后预冷、初加工、储存保鲜和低温运输技术，发展一体化冷链物流，建立跨地区长途冷链物流体系，推进果蔬冷链物流发展，促进反季节销售。④加快培育第三方冷链物流企业。培育一批经济实力雄厚、经营理念和管理方式先进、核心竞争力强的大型冷链物流企业。鼓励大型果品公司从源头实现低温控制，积极发展冷链运输和低温销售，建立以生产企业为核心的冷链物流体系，实现产地市场和销地市场冷链物流的高效对接。⑤加强冷链物流基础设施建设。鼓励冷链物流企业加快各类保鲜、冷藏、冷冻、预冷、运输、查验等物流基础设施建设。从关键环节入手，重点加强批发市场等重要果品物流节点的冷藏设施建设。⑥加快冷链物流装备与技术升级。加快节能环保的各种新型冷链物流技术的自主研发、引进消化和吸收，重点加强各种高性能冷却、冷冻、预冷设施建设，不断提高冷链物流业的自主创新能力和技术水平。推动冷链物流信息化，依托各类果品优势产区、重要集散地区和大中城市，建立区域性冷链物流公共信息平台，实现数据交换和信息共享，优化配置冷链物流资源。

（4）健全果品的质量追溯体系

在山东苹果主产区逐步建立由政府牵头的质量安全追溯体系。通过苹果产业的物联网和互联网的信息化建设，通过构建覆盖全省的信息化平台，建立苹果生产、加工、贮藏、运输全产业链的质量追溯体系和电子查询系统，形成完善的苹果质量安全追溯的制度体系，为产业发展插上科技的翅膀。逐步建立苹果产品检验检测达标制度，推行不合规果品禁止入市的市场销售机制，对因人为因素造成的果品质量安全的责任人，要严格追究法律责任和经济责任，对连续不达标的相关果品企业在加大处罚力度的同时，在新闻媒体上予以曝光。

8.8　引导果农合理使用化肥农药，促进苹果产业的绿色发展

（1）加大果农的种植技术的培训，提高果农对农药化肥的认知水平

果农化肥农药是否合理使用，直接关系到果园的生态环境和农业面源污染。因此，要加大果农的种植技术的培训，促进果农采用测土配方施肥技术，科学合理施肥用药。一方面，要大力推广果园绿色高效施肥技术，如机械化开沟施肥技术，测土配方施肥，建立以有机肥为主的施肥模式，推广生物有机肥和生物型、复合型叶面肥，有机肥（农家肥）堆肥技术，果园水肥一体化技术。另一方面，努力做好果园病虫害绿色防控技术，如强化病虫测报及修剪、采摘等措施；推广植物源农药、微生物农药、矿物源农药、信息素、天敌昆虫等，诱虫色板、杀虫灯等物理防治技术；推广

低容量喷雾、静电喷雾、无人施药机等先进施药器械，推广套袋、果园生草、病虫综合防治技术，提高苹果质量。要积极推广病虫综合防治技术，通过广泛采用生物防治技术，改善果园生态环境，加强栽培管理的技术培训，优先选用农业措施和生物制剂，严禁使用高毒性、重污染、高残留的农药进行病虫害防治，积极采用长效、低残留、易分解的农药，最大限度地减少农业面源污染，全面提升果品质量和安全水平。此外，政府应对积极采用测土配方施肥的果农，给予不同程度的补贴。一方面是为了提高果农科学合理施肥的水平，另一方面是为了减少因化学投入品的过量施用而造成的面源污染。过量使用化肥农药会对整个果园生态环境、园地质量造成严重污染，以农业部有关的农产品残留标准为参考，对减少农业化学投入品的果农给予一定的优质农产品的补贴金，从而转变农户化学投入品的使用观念，实现苹果生产的绿色发展。

（2）增加对果农使用有机肥的补贴和优惠，加快绿肥产业发展

有机肥不仅能提供果树生长必要的养分、提高土壤肥力、改善土壤环境，而且有利于降低农业化学品的投入成本、提高种植收益、改良果园生态环境、提高园地质量、提升苹果的质量安全水平。调查发现，目前有机肥使用呈现下降趋势，主要原因是农家肥、绿肥为主的有机肥的肥源不足且使用有机肥费工费时，相对于省时省力的化肥，有机肥的使用不具备机会成本的优势。因此，政府应通过一定的优惠补贴措施促进有机肥的广泛使用，推进绿肥产业的健康发展。调查显示，目前在农村使用农家肥或绿肥的农户是愿意减少化肥的投入量的，对果农购买有机肥进行一定的价格补贴是降低化学投入品施用量的有效举措。通常，使用有机肥的成本比使用化肥农资品的成本要高，施用有机肥技术的要求也高于施用化肥的要求，而农户出于省工省力、降本提效和规避风险的心理，会采用使用化肥减少有机肥的使用。为此，政府应加大对使用有机肥果农的价格补贴，降低果农有机肥的使用成本。同时，应鼓励高校和科研机构加大对有机肥的科研攻关力度，完善对有机肥使用的公共设施的配套投入力度，为有机肥、绿肥产业开辟广阔的市场，为果农提供更多更好的肥源，不断适应新型农业和绿色发展的需要，通过大力推行绿色生产方式，增强产业可持续发展能力。

参考文献

安玉发，陶益清．WTO 与我国农产品营销［J］．中国流通经济，2001（6）：51-54.

白秀广，李纪生，郑少锋．偏技术进步、要素弹性与苹果生产效率的实证分析［J］．
统计与决策，2012（21）：114-117.

曹军，陈兴霞，段丽华．提高我国果品国际竞争力的对策［J］．农业经济，2004（2）：
38-39.

曹明宏，曾德森．农产品绿色营销问题探讨［J］．华中农业大学学报（社会科学版），
2000（1）：5-7.

陈浩，毕永魁．人力资本对农户兼业行为及其离农决策的影响研究——基于家庭整体
视角［J］．中国人口资源与环境，2013，23（8）：90-99.

陈乐群．我国水果产业发展中的问题及对策［J］．宜春学院学报（自然科学版），2003
（8）：59-62.

陈朴．我国行业协会发展的主要障碍及解决［J］．岭南学刊，2003（2）：90-92.

陈世平．我国水果出口现状、面临障碍与对策［J］．柑橘与亚热带果树信息，2004
（9）：11-13.

仇焕广，栾昊，李瑾，等．风险规避对农户化肥过量施用行为的影响［J］．中国农村
经济，2014（3）：85-96.

褚彩虹，冯淑怡，张蔚文．农户采用环境友好型农业技术行为的实证分析——以有机
肥与测土配方施肥技术为例［J］．中国农村经济，2012（3）：68-77.

崔彬，陈来生．国外水果协会在水果产业化中的作用及启示［J］．世界农业，2004
（4）：22-26.

崔彬．安全文化与家禽养殖企业员工禽流感防控意愿：作用机理与实证检验——基于
江苏省调查数据的结构方程模型分析［J］．中国农村经济，2013（2）：35-46.

戴化勇．农产品供应链管理与质量安全关系的实证研究［J］．湖北经济学院学报，
2008（1）：96-100.

董桂才．我国农产品出口市场结构及依赖性研究［J］．国际贸易问题，2008（7）：

18 - 19.

董桂才. 中国农产品出口市场结构的实证分析及国际比较 [J]. 经济问题，2008 (8)：113 - 115.

董文婕，王征兵. 我国苹果生产与贸易存在的问题及对策探讨 [J]. 农村经济，2002 (10)：54 - 55.

杜方岭. 山东省苹果汁加工废弃物开发利用的研究 [J]. 农产品加工，2009 (1)：61 - 62.

范书义，曹鹏云，王月海. 试谈入世后山东省林果产业发展建设的思考 [J]. 林业建设，2003 (5)：37 - 39.

冯晓龙，霍学喜. 考虑面源污染的中国苹果全要素生产率及其空间集聚特征分析 [J]. 农业工程学报，2015，31 (18)：204 - 211.

冯忠泽，李庆江. 农户农产品质量安全认知及影响因素分析 [J]. 农业经济问题，2007 (4)：22 - 26.

傅龙波，等. 中国粮食进口的依赖性及其对粮食安全的影响 [J]. 管理世界，2001 (3)：137 - 140.

高春雨，王立刚，李虎，等. 区域尺度农田 N_2O 排放量估算研究进展 [J]. 中国农业科学，2011，44 (2)：316 - 324.

高华君，王少敏，孙山. 世界苹果发展趋势 [J]. 世界农业，2004 (8)：38 - 39.

高辉灵，梁昭坚，陈秀兰，等. 测土配方施肥技术采纳意愿的影响因素分析——基于对福建省农户的问卷调查 [J]. 福建农林大学学报：哲学社会科学版，2011，14 (1)：52 - 56.

高金田，颜伟. 中国水果出口策略 [J] 经济视野，2005 (10)：46 - 47.

葛继红，周曙东，朱红根，等. 农户采用环境友好型技术行为研究——以配方施肥技术为例 [J]. 农业技术经济，2010 (9)：57 - 63.

葛继红，周曙东. 农业面源污染的经济影响因素分析——基于 1978—2009 年的江苏省数据 [J]. 中国农村经济，2011 (5)：72 - 81.

巩前文，穆向丽，田志宏. 农户过量施肥风险认知及规避能力的影响因素分析——基于江汉平原 284 个农户的问卷调查 [J]. 中国农村经济，2010 (10)：66 - 76.

顾海，王艾敏. 基于 Malmquist 指数的河南苹果生产效率评价 [J]. 农业技术经济，2007 (2)：99 - 104.

韩海彬，赵丽芬. 环境约束下中国农业全要素生产率增长及收敛分析 [J]. 中国人口资源与环境，2013，23 (3)：70 - 76.

韩洪云，杨增旭. 农户测土配方施肥技术采纳行为研究——基于山东省枣庄市薛城区

农户调研数据 [J]. 中国农业科学，2011，44（23）：4962 - 4970.

洪传春，刘某承，李文华. 我国化肥投入面源污染控制政策评估 [J]. 干旱区资源与环境，2015（4）：1 - 6.

胡继连，赵瑞莹，张吉国. 果品产业化管理理论与实践 [M]. 中国农业出版社，2003.

黄建忠. 中国对外贸易概论 [M]. 北京：高等教育出版社，2003.

季明川，邱剑峰. 主要农产品的国际比较竞争优势与挑战 [J]. 山东经济战略研究，2001（5）：33 - 35.

简新华，李雪. 新编产业经济学 [M]. 北京：高等教育出版社，2009.

姜淑苓，巩文红，朱佳满. 当前我国水果进出口特点、存在问题及对策 [J]. 河北果树，2005（1）：5 - 6.

金国强，刘恒江. 质量链管理理论研究综述 [J]. 世界标准化与质量管理，2006（3）：21 - 24.

金靖，唐贺统. 2004 年我国水果生产现状及今后展望 [J]. 北方园艺，2005（4）：7 - 8.

赖斯芸，杜鹏飞，陈吉宁. 基于单元分析的非点源污染调查评估方法 [J]. 清华大学学报自然科学版，2004，44（9）：1184 - 1187.

黎文龙. 我国水果出口中的“绿色冲击波”分析 [J]. 经济与社会发展，2008（3）：57 - 59.

李冰茹，牛凌云. 我国水果业存在的问题与对策 [J]. 经济论坛，2004（3）：117.

李冰茹. 我国水果业的发展应走产业化之路 [J]. 经济与管理，2003（12）：42 - 45.

李谷成，冯中朝. 中国农业全要素生产率增长：技术推进抑或效率驱动 [J]. 农业技术经济，2010（5）：4 - 14.

李海鹏，张俊飚. 中国农业面源污染的区域分异研究 [J]. 中国农业资源与区划，2009（2）：43 - 45.

李辉，张琰. 中国水果果品走向国际市场的营销策略 [J]. 新疆农垦经济，2005（1）：52 - 55.

李骏阳. 中国流通产业发展方式转变问题研究 [J]. 中国流通经济，2010（4）：11 - 14.

李明勤. 基于物流与供应链管理模式下的质量管理分析 [J]. 价值工程，2010（3）：1.

李宁. 浅谈我国果品贮藏加工业现状及发展趋势 [J]. 农产品加工·学刊，2008（5）：73 - 75.

李全喜，张欣，王姣. 先进制造模式下的质量链管理 [J]. 科学学与科学技术管理，2004（7）：123 - 126.

李绍华. 世界果树生产产情况及提高我国果品市场竞争力对策 [J]. 中国农业大学学报, 2003 (1): 7-13.

李晓晨. 转变流通产业发展方式的策略研究 [C] // 贸易大国向贸易强国跨越论文集, 2011: 150-156

李晓君, 戴玉才. 中国苹果产业国际竞争力评价及提升对策 [J]. 广东财经职业学院学报, 2008 (2): 76-80.

李晓钟, 王斌. 我国罗非鱼产业国际市场势力实证分析 [J]. 农业经济问题, 2010 (8): 70-75.

梁流涛. 农村生态环境时空特征及其演变规律研究 [D]. 南京: 南京农业大学, 2009.

林坚, 陈志刚, 傅新红. 农产品供应链管理与农业产业化经营: 理论与实践 [M]. 北京: 中国农业出版社, 2007.

林坚, 霍尚一. 中国水果出口贸易影响因素的实证分析 [J]. 农业技术经济, 2008 (4): 97-98.

刘畅, 张浩, 安玉发. 中国食品质量安全薄弱环节、本质原因及关键控制点研究——基于1460个食品质量安全事件的实证分析 [J]. 农业经济问题, 2011 (1): 24-31.

刘汉成, 易法海, 我国苹果产销现状及发展趋势分析 [J]. 柑橘与亚热带果树信息, 2004 (7): 4-6.

刘汉成, 易法海. 中国水果出口特征及国际竞争力分析 [J]. 农业现代化研究, 2007 (4): 450-453.

刘汉成. 中国水果供给结构性变化的实证研究 [J]. 农业现代化研究, 2005 (4): 313-316.

刘李峰. 中国-东盟水果贸易现状及展望 [J]. 中国农村经济, 2004 (6): 61-66.

刘玫. 基于解释结构模型法的绿色供应链影响因素分析 [J]. 科技管理研究, 2011 (12): 192-194.

刘天军, 潘明远, 朱玉春, 霍学喜. 苹果优势区生产技术效率变化特征及收敛性 [J]. 山西财经大学学报, 2012, 34 (4): 58-66.

刘晓光, 葛立群. 中国水果产业国际竞争潜力评价及提升途径 [J]. 沈阳农业大学学报 (社会科学版), 2006 (12): 599-603.

刘晓光, 中国梨果国际竞争力分析 [J]. 北方果树, 2007 (2): 1-3.

陆菁, 杨高举. 中国高技术产业国际市场势力估计中的"统计假象" [J]. 管理世界, 2010: 172-173.

鹿永华. 如何提高我国水果业的国际竞争力 [J]. 农业经济, 2001 (7): 37-38.

毛飞，孔祥智．农户安全农药选配行为影响因素分析［J］．农业技术经济，2011（5）：4－12.

孟令杰．中国农业产出技术效率动态研究［J］．农业技术经济，2000（5）：1－4.

孟祥春，高子祥，蒋依辉．鲜切水果加工工艺及保鲜技术研究［J］．保鲜与加工，2008（5）：4－7.

欧阳斌．陕北苹果供应链管理创新模式探讨［J］．湖南农业大学学报（社会科学版），2008（5）：61－64.

欧阳小迅，黄福华．我国农产品流通效率的度量及其决定因素：2000—2009［J］．农业技术经济，2011（2）：76－83.

庞守林，田志宏．中国苹果国际贸易结构比较分析与优化［J］．中国农村经济，2004（2）：38－43.

彭海英，史正涛，刘新有，等．农作物种植结构与农民收入及其对环境影响的分析［J］．环境科学与管理，2008，33（2）：44－48.

彭玉珊，孙世民，陈会英．养猪场（户）健康养殖实施意愿的影响因素分析——基于山东省等9省（区、市）的调查［J］．中国农村观察，2011（2）：16－25.

乔娟．我国主要新鲜水果的国际竞争力分析［J］．西北园艺，2003（4）：50－51.

乔勇进，张绍铃，吴俊．我国苹果梨加工业发展现状与发展策略［J］．农产品加工，2007（11）：18－20.

曲小博，霍学喜．我国农产品出口结构与竞争力实证分析［J］．国际贸易问题，2007（3）：9－15.

沙鸣，孙世民．供应链环境下猪肉质量链链节点的重要程度分析［J］．中国农村经济，2011（9）：45－59.

石会娟，王俊芹，王余丁．基于DEA的河北省苹果产业生产效率的实证研究［J］．农业技术经济，2011（10）：86－91.

苏威．关于提升农产品流通效率的思考［J］．商业时代，2012（13）：30－31.

孙增贤，当前果业形势和今后发展趋势［J］．河北果树，2003（2）：3－4.

唐晓芬，邓绩，金升龙．质量链理论与运行模式研究［J］．中国质量，2005（9）：16－18.

唐晓青，段桂江．面向全球化制造的协同质量链管理［J］．中国质量，2002（9）：25－27.

王艾敏．我国苹果主产区生产效率评价：基于DEA的Malmquist指数分析［J］．河南农业科学，2009（7）：110－113.

王金政，单守明，张安．欧洲有机水果生产概况［J］．世界农业，2005（3）：33－36.

王金政，王长君．关于山东果业结构战略性调整的思考 [J]．落叶果树，2003（4）：11-13.

王静，毛飞，霍学喜．陕西四个苹果基地县果农生产效率调查分析 [J]．北方园艺，2010（3）：230-232.

王俊豪．产业经济学 [M]．北京：高等教育出版社，2008.

王志浩．加入 WTO 对我国水果生产的影响及对策 [J]．中国林业企业，2004（5）：36-38.

吴勤堂．产业集群与区域经济发展耦合机理分析 [J]．管理世界，2004（2）：133-136.

伍小梅，廖进中．中国水果业国际竞争力及制约因素分析 [J]．中国果业信息，2006（5）：1-5.

肖洪安，伍桂清，等．四川省水果产业化体系组织模式探讨 [J]．农业经济问题，2007（9）：36-38.

肖新成，谢德体．农户对过量施肥危害认知与规避意愿的实证分析——以涪陵榨菜种植为例 [J]．西南大学学报：自然科学版，2016，38（7）：138-148.

肖艳丽．中国油菜产品流通中的利益与效率机制研究 [D]．武汉：华中农业大学，2012.

辛淑亮．我国主要果品产量的趋势分析 [J]．莱阳农学院学报，2001（2）：85-89.

徐海晶，于冷．我国苹果出口贸易的实证分析 [J]．农业技术经济，2006（2）：43-47.

杨宜苗．试论流通产业的贡献 [J]．财贸经济，2006（7）：11-14.

易法海．中国果业发展的现状、前景与对策 [J]．中国食物与营养，2003（8）：4-6.

曾江辉．我国水果的国际竞争力分析 [J]．长江大学学报（自科版）2005（11）：96-102.

张长梅，关于入世后我国水果出口竞争力的思考 [J]．国际贸易问题，2002（6）：7-11.

张成玉．测土配方施肥技术推广中农户行为实证研究 [J]．技术经济，2010，29（8）：76-81.

张德全，李涛，等．山东果品生产优化模式的再探讨 [J]．山东林业科技，2003（4）：31-33.

张东玲，高齐圣．面向农产品安全的关键质量链分析 [J]．农业系统科学与综合研究，2008（4）：489-493.

张福锁，王激清，张卫峰，等．中国主要粮食作物肥料利用率现状与提高途径 [J]．土壤学报，2008，45（5）915-922.

张复宏，胡继连．基于计划行为理论的果农无公害种植行为的作用机理分析——来自山东 16 个地市（区）苹果种植户的调查 [J]．农业经济问题，2013（7）：48-55.

张复宏，霍明，宋晓丽，王洪煜．基于 SBM 和 Malmquist 指数的中国苹果主产区生产效率空间集聚分析 [J]. 农业技术经济, 2017 (5): 57-66.

张复宏, 宋晓丽, 霍明. 果农对过量施肥的认知与测土配方施肥技术采纳行为的影响因素分析 [J]. 中国农村观察, 2017 (3): 117-129.

张吉国, 胡继连. 我国果品产业的发展现状与对策 [J]. 山东农业大学学报 (社科版), 2002 (3): 31-34.

张建军, 马文会. 我国苹果业现状及发展对策 [J]. 河北农业科学, 2003 (9): 72-74.

张利喜, 鲁韧强. 对我国水果市场的分析及对策建议 [J]. 农业新技术, 2002 (3): 4-6.

张卫峰, 季玥秀, 马骥, 等. 中国化肥消费需求影响因素及走势分析Ⅱ种植结构 [J]. 资源科学, 2008 (1): 31-36.

张雯丽. 蔬菜流通效率分析与探讨——基于纵向产销环节和横向流通模式视角 [J]. 经济研究参考, 2014 (62): 29-38.

张翼, 李崇光. 我国水果的国际竞争力分析 [J]. 农村经济, 2003 (2): 9-11.

张志恒, 吴电. 世界主要国家有机水果的生产和市场概况 [J]. 世界农业, 2003 (6): 20-22.

赵红霞. 我国果蔬产品出口如何跨越日美绿色壁垒 [J]. 商场现代化, 2008 (1): 13-14.

赵建欣, 张忠根. 基于计划行为理论的农户安全农产品供给机理探析 [J]. 财贸研究, 2007 (6): 40-45.

赵钧. 基于ISM技术的云南林业产业发展规模主要影响因素分析 [J]. 安徽农业科学, 2010, 38 (26): 14690-14692.

周洁红, 姜励卿. 农产品质量安全追溯体系中的农户行为分析——以蔬菜种植户为例 [J]. 浙江大学学报 (人文社会科学版), 2007 (3): 118-127.

朱佳满, 刘更森, 王强. 当前我国果品出口现状、存在问题与对策 [J]. 山西果树, 2003 (9): 27-28.

庄晋财, 芮正云, 曾纪芬. 双重网络嵌入、资源获取对农民工从创业能力的影响——基于赣、皖、苏183个农民工创业样本的实证分析 [J]. 中国农村观察, 2014 (3): 29-41.

庄丽娟, 李尚蒲. 中国水果贸易存在的问题及对策 [J]. 中国农垦经济, 2004 (10): 33-34.

Abdoulaye T, Sanders J H. Stages and determinants of fertilizer use in semiarid African agriculture: the Niger experience [J]. Agricultural economics, 2005, 32 (2): 167-179.

Ailawadi K L, Borin N, Farris P W. Market Power and Performance: A Cross-industry Analysis of Manufacturers and Retailers [J]. Journal of Retailing, 1995 (71): 211 - 248.

Amnon Bustan, Shabtai Cohen Effects of timing and duration of brackish irrigation water on fruit yield and quality of late summer melons [J]. Agricultural Water Management, 2005 (74): 123 - 134.

Antonio Cioffi, Crescenzo dell Aquila. The effects of trade policies for fresh fruitand vegetables of the European Union [J]. Food Policy, 2004 (29): 169 - 185.

Ari-Pekka Hameri. Supply Chain Management in the Fishing Industry: The Case of Iceland [J]. International Journal of Logistics Research and Applications, 2003, 6 (3): 137 - 149.

Aruoma O I. The impact of food regulation on the food supply chain [J]. Toxicology, 2006 (221): 119 - 127.

Asfaw A. Fruits and vegetables availability for human consumption in Latin American and Caribbean countries: patterns and determinants [J]. Food Policy, 2008, 33 (5): 444 - 454.

Bain J S. Relation of profit rate to industry concentration: American manufacturing, 1936—1940 [J]. The Quarterly Journal of Economics, 1951, 65 (3): 293 - 324.

Bergstrand, Jeffrey H. The Gravity Equation in International Trade: Some Microeconomic Foundations and Empirical Evidence [J]. Review of Economics and Statistics, 1985, 67 (3): 474 - 481.

Boston C, Ondersteijn C J M, Giesen G W J. Using stakeholder views to develop strategies for the Dutch pork supply chain [R]. Paper presented at the 14th annual IAMA Conference, 12 - 15 June 2004, Montreux, Switzerland.

Carrere C. Revisiting the effects of regional trade agreements on trade flows with proper specification of the gravity model [J]. European Economic Review, 2006, 50 (2): 223 - 247.

Chambers R G, Fāure R, Grosskopf S. Productivity growth in APEC countries [J]. Pacific Economic Review, 1996, 1 (3): 181 - 190.

Chung Y H, Färe R, Grosskopf S. Productivity and undesirable outputs: a directional distance function approach [J]. journal of Environmental Management, 1997, 51 (3): 229 - 240.

Clare Narrod, Devesh Roy Public-private partnerships and collective action in high value fruit and vegetable supply chains [J]. Food Policy, 2009, 34 (1): 8 - 15.

Codron J M. Industry note the Southern Hemisphere and the expansion of world trade in temperate fruits [J]. Agribusiness, 1992, 8 (6): 585 - 600.

David Marshall. Stephanie O'Donohoe, Families, food, and pester power: beyond the blame game [J]. Journal of Consumer Behaviour, 2007, 6 (4): 164 - 181.

E D Cittadini, M T M H Lubbers. Exploring options for farm. level strategic and tactical decision. making in fruit production systems of South Patagonia, Argentina [J]. Agricultural Systems, 2009 (98): 189 - 198.

Ekholm P, Reinivuo H, Mattila P, et al. Changes in the mineral and trace element contents of cereals, fruits and vegetables in Finland [J]. Journal of Food Composition and Analysis, 2007, 20 (6): 487 - 495.

Emlinger C, Jacquet F, Lozza E C. Tariffs and other trade costs: assessing obstacles to Mediterranean countries' access to EU - 15 fruit and vegetable markets [J]. European Review of Agricultural Economics, 2008, 35 (4): 409 - 438.

Färe R, Grosskopf S, Pasurka C A. Environmental production functions and environmental directional distance functions [J]. Energy, 2007, 32 (7): 1055 - 1066.

Fan S. Effects of technological change and institutional reform on production growth in Chinese agriculture [J]. American Journal of Agricultural Economics, 1991, 73 (2): 266 - 275.

Fearne A P, Hughes D. Success Factors in the Fresh Produce Supply Chain: Insights from the UK [J]. Supply Chain Management, 1999, 4 (3): 120 - 128.

Fearne A P, Poole N D. Modeling Vegetable Marketing Systems in Southeast Asia: Phenomenological Insights from Vietnam [J]. Supply Chain Management, 2003, 8 (5): 427 - 451.

Fukuyama H, Weber W L. A directional slacks-based measure of technical inefficiency [J]. Socio-Economic Planning Sciences, 2009, 43 (4): 274 - 287.

Goetz L, Grethe H. The EU entry price system for fresh fruits and vegetables-Paper tiger or powerful market barrier? [J]. Food Policy, 2009, 34 (1): 81 - 93.

Goldberg P K, Knetter M. Measuring the Intensity of Competition in Export Markets [J]. Journal of international Economics, 1999 (47): 27 - 60.

Hadjikhani A, Thilenius P. The Impact of Horizontal and Vertical Connections on Relationship's Commitment and Trust [J]. Journal of Business and Industrial Marketing, 2005, 20 (3): 136 - 147.

Jones E T，Lynch K A. Nontimber Forest Products and Biodiversity Management in the Pacific Northwest ［J］. Forest Ecology and Management，2007，246（7）：29－37.

Julio A Berdegué，Fernando Balsevich Central American supermarkets' private standards of quality and safety in procurement of fresh fruits and vegetables ［J］. Food Policy，2005（30）：254－269.

Kliebenstein J B，Lawrence J D. Contracting and Vertical Coordination in the United States Pork Industry ［J］. American Journal of Agricultural Economics，2002（5）：9－22.

Lamb R L. Fertilizer use，risk，and off-farm labor markets in the semi-arid tropics of India ［J］. American Journal of Agricultural Economics，2003，85（2）：359－371.

Lambert D K，Parker E. Productivity in Chinese provincial agriculture ［J］. Journal of Agricultural Economics，1998，49（3）：378－392.

Linde Goetz，Harald Grethe The EU entry price system for fresh fruits and vegetables-Paper tiger or powerful market barrier ［J］. Food Policy，2009（34）：81－93.

Lindgreen A. The Impact of Food Safety and Animal Welfare Policies on Supply Chain Management ［J］. British Food Journal，2003，106（6）：328－349.

Lu H，Feng S，Trienekens J H. Performance in vegetable supply chains：the role of Guanxi networks and buyer-seller relationships ［J］. Agribusiness，2008，24（2）：253－274.

McKenna M K L，Murray E W. Jungle law in the orchard：comparing globalization in the New Zealand and Chilean apple industries ［J］. Economic Geography，2002，78（4）：495－514.

Palmer C M. Building effective alliances in the meat supply chain：lessons from the UK ［J］. Supply Chain Management：An International Journal，1996，1（3）：9－11.

Pan C，Kinsey J. The supply chain of pork：US and China ［M］. Food Industry Center，University of Minnesota，2002.

Pingali P. Westernization of Asian diets and the transformation of food systems：Implications for research and policy ［J］. Food policy，2007，32（3）：281－298.

Sachan A，Sahay B S，Sharma D. Developing Indian Grain Supply Chain Cost Model：A System Dynamics Approach ［J］. International Journal of Productivity and Performance Management，2005（54）：187－205.

Shanley P，Luz L，Swingland I R. The faint promise of a distant market：a survey of Belém's trade in non-timber forest products ［J］. Biodiversity and Conservation，2002，

11 (4): 615 - 636.

Silvente F R. Price discrimination and market power in export markets: the case of the ceramic tile industry [J]. Journal of Applied Economics, 2005, 8 (2): 347 - 370.

Soltesz M. Tendency in the apple production of the world [J]. Kertgazdasag-Horticulture, 2007 (39): 76 - 85.

Spotts R A, Serdani M, Mielke E A, et al. Effect of high-pressure hot water washing treatment on fruit quality, insects, and disease in apples and pears: part II. Effect on postharvest decay of d'Anjou pear fruit [J]. Postharvest biology and technology, 2006, 40 (3): 216 - 220.

Sun X, Collins R. A comparison of attitudes among purchasers of imported fruit in Guangzhou and Urumqi, China [J]. Food quality and preference, 2004, 15 (3): 229 - 237.

Sun X, Collins R. The application of fuzzy logic in measuring consumption values: Using data of Chinese consumers buying imported fruit [J]. Food quality and preference, 2007, 18 (3): 576 - 584.

Trienekens J H, Willems S. Innovation and governance in international food supply chains: The cases of Ghanaian pineapples and South African grapes [J]. International Food and Agribusiness Management Review, 2007, 10 (4): 42 - 63.

Troczynski T. The quality chain [J]. Quality Progress, 1996, 29 (9): 208.

Utton M A. Market dominance and antitrust policy [M]. Edward Elgar Publishing, 2005.

Wang C X. A general framework of supply chain contract models [J]. Supply Chain Management: An International Journal, 2002, 7 (5): 302 - 310.

Warfield J N. Participative methodology for public system planning [J]. Computers & Electrical Engineering, 1973, 1 (2): 187 - 210.

Wathne K H, Heide J B. Relationship Governance in a Supply Chain Network [J]. Journal of Marketing, 2004 (68): 73 - 89.

Xin L, Li X, Tan M. Temporal and regional variations of China's fertilizer consumption by crops during 1998—2008 [J]. Journal of Geographical Sciences, 2012, 22 (4): 643 - 652.

Zhu Z L, Chen D L. Nitrogen fertilizer use in China-Contributions to food production, impacts on the environment and best management strategies [J]. Nutrient Cycling in Agroecosystems, 2002, 63 (2): 117 - 127.

后记

　　求学需要一步一个脚印地走，光彩的背后，总离不开辛勤汗水的浇灌。十几年来，领导的关怀、同事的帮助以及家人的支持和鼓励，如严冬里的缕缕阳光，温暖着我，令我在艰辛中不断跋涉。

　　此书能得以顺利完成首先要感谢山东农业大学国家苹果工程中心束怀瑞教授等专家和学者给予的大力支持和帮助，他们为我的写作和研究提供了宝贵建议、大量实证材料和专业指导。在此谨向他们道一声衷心的感谢。

　　我还要感谢山东农业大学经管学院的部分老师和研究生，如葛颜祥教授、霍明副教授、宋晓丽老师、王洪煜、庞桂娟等，他们在工作和学习中给予了我大力的支持和帮助并承担了部分审稿和校对工作。感谢他们在学习和精神上给予我的无私帮助。同时，我还要特别感谢我的家人。这里有父母对孩子的殷切期望和嘱托，以及真诚无私的关怀和帮助，还有妻子在教学科研工作之余，主动承担起各种家务和教育孩子的重担，为我解除了不少写作及调研的后顾之忧。

　　科学探索的过程犹如一次次勇敢的攀登，其间的快乐和痛苦，唯有攀登者自知。而攀登的最大收获或许是挑战自己、超越自我后的幡然领悟！为此，一首"得道"敬上，与无畏前行的你共勉！"抬头望山峦叠嶂，俯首观足下险峰，不知从何时起，早已不在独行！不经风，路途太过平静，不遇雨，何来瀑布美景！雾蒙蒙，步入人间仙境，呼唤你，是山谷的找寻！不曾想，往事依然如梦，再回首，好似道骨仙风！莫要问，我能否载誉而归，看且看，究竟有没有返老还童！"

　　最后，向曾经培养过我的母校和支持帮助过我的亲朋好友以及本书的责任编辑再一次表示由衷的谢意。你们的殷切期待和辛勤付出一直是激励我披荆斩棘、勇往直前的动力。并竭诚欢迎社会各界朋友对此书中的不当之处给予批评指正。

张复宏

2017.9.29 于岱下